部下も
上司も
動かす

武器としての伝え方

吉田幸弘

自由国民社

はじめに

「同じ企画を上司に提案したら却下されたのに、同僚のＡさんが言ったらＯＫになる」

「せいいっぱい伝えたのに、お客様からクレームが来る」

「なぜあの先輩はいつも涼しい顔をしていられるんだろう。あれだけお客様を抱えているのに。それに比べて私は……」

「電話でアポイントを獲ろうと必死に話すものの『はー』という言葉ばかりが返ってくる」


これらは私のセミナーを受講していた方々から耳にした言葉です。

ビックリしたのは、これらの言葉はかつて私が日々思い悩んでいたことです。


ここで、私の話をさせてください。

若手の頃、私はなぜ自分だけ上手くいかないんだろうと日々悩みながら、できる同僚や先輩に嫉妬しながら過ごしていました。

その後、先輩の行動を真似て、お客様とコミュニケーションをとるようになり、訪問件数を他人の倍以上にする結果を出しました。

そして、リーダーに昇格したものの、今度は部下とのコミュニケーションに悩む毎日でした。

「なぜ、こちらの意図がわからないんだ」
「なぜ、言われたことしかやらないんだ」
「そうじゃないんだよ」
等と部下には毎日怒り続けます。

そのくせ都合の悪いことは避ける、上司には言いにくい意見を伝えられず、部下の意見を自分のところで止めてしまう、上には頭を下げ、下にはいばる最悪のリーダーでした。

伝え方を工夫できないから、ひたすら指示・命令をしていたのです。

「なんでその新しい取り組みをやる必要があるのですか」と聞かれれば、「会社の方針だから」としか言わない。

そんなリーダーのもとで部下がモチベーションが上がるはずがありません。

「最低限言われたことだけやればいいや」という雰囲気が漂い、チームの実績は最悪に。

ある日部下が私の上司に直談判し、私は降格人事になりました。

その後、転職するもさらに２度も降格人事となりました。

そんなどん底の中、新しい上司のもとで伝え方の大切さに気づき本格的に学び、営業成績を改善。

その後、リーダーとして外資系企業で３年連続ＭＶＰを獲得し、現在はまさにその「伝え方」を教えることを仕事にしております。

今では講師・コンサルタントをして３万人以上のビジネスパーソンの方を指導しております。

▼「伝える力」がより必要とされてきている時代に

現在、ビジネスの環境は目まぐるしく変わっています。

特に２０２０年のコロナ禍の影響は大きく、リモートワークが浸透し、さらにはハラスメント問題のクローズアップ、残業をなくすための働き方改革など、現場のリーダーやビジネスパーソンは試行錯誤しながら、仕事をしている状況です。

実はこれらの問題は伝え方を改善することでほとんど解決できてしまうのです。

私が研修やコンサルタントで関わった企業の受講者の方々の声の一部をあげていきます。

「ミスやり直しなどで余計な時間がかからなくなった」

「感情の赴くままに発言することがなくなった」

「部下がイキイキと働くようになった」

「報・連・相が早くなった」

「上司に勇気を持って意見を言えるようになった」

また、先行きの見えない時代なので、リーダーが全知全能とはいきません。

だからこそ部下のアイデアがより重要になりました。

以前なら、上司の言う通りに仕事をする人が評価されていましたが、今は「上司に意見をできる人」「上司を動かせる人」が評価されるようになりました。

ですから、上司だけでなく部下もより「伝える力」が求められるようになったのです。

もちろん、その場合の伝え方も重要です。

上司の気分を害さずに、「提案などを採用したい」と思ってもらう必要があります。

営業など対取引先の仕事でもより伝え方を工夫する必要が出てきました。

コロナ禍になり、一気にリモートでの商談が増えました。

対面の頃は、顔を合わせることで非言語コミュニケーションを使えたので、伝え方が上手くなくてもある程度カバーすることができました。

しかし、リモートでは難しいでしょう。

また、商品やサービスはほとんど模倣されてきているので、「その人から買いたい」が導入の理由になるケースが増えています。

たとえば同じサービスを提供している店舗でも指名制をとっている会社では、担当者によって極端に売上が違っています。

▼伝え方を学ぶのは最高の投資です

営業マンや販売員の方は売上を伸ばせば、評価は上がります。

この場合、取引先の方やお客様が「欲しい、やりたい」と思う伝え方をしなければなりません。

企画部の方は、「あっと言わせるような企画」を立てれば評価が上がります。

「あっ」と言わせるためには、採用したくなる伝え方をする必要があります。

リーダーはチームの業績を上げることが最大の評価につながります。

これも部下が「動きたいと思う」ような伝え方をすればいいわけです。

伝え方次第では、トップセールスにもなれるし、数千万円を稼ぐこともできます。

実際、私のセミナーを受講していただいた方の中には上場企業で役員になったり、起業して年収数千万円まであがった方も多数いらっしゃいます。

私自身も数多くのコミュニケーション本を読み、色々な伝え方を実践し、失敗し、修正してきました。おかげさまで、今では独立して著書も13冊出して、北海道から沖縄まで講師として登壇しています。

▼伝え方を学んでおかないのは危険

このような武器になる伝え方ですが、一歩間違うと凶器になります。

私のモットーは「言葉は武器にも凶器にもなる」です。

昨今ではグーグルが導入して有名になった「心理的安全性」が話題になっています。「心理的安全性」が守られているかどうかで、部下の行動が大きく変わります。

その「心理的安全性」もリーダーが伝え方を工夫すれば確保できるのです。

逆にどんなに日々信頼を構築しようとしても、ちょっと伝え方を間違えると信頼貯金は一気にマイナスになりかねません。

特に言いにくいことを伝える場合は注意が必要です。

本書では第8章に「コンフリクトマネジメント」という相手を傷つけずに対立意見を伝える方法を入れております。

このスキルはすべてのビジネスパーソンに必要なスキルと言っても過言ではありません。

日本人は欧米と違ってディベートについて学んでおらず、「対立はいけないこと」という印象を持ち、意見の対立を避ける傾向にあります。

▼話し上手だけが伝え上手とは限らない

伝え方を工夫しようと言うと、流暢に身振り手振りを使って情熱的に話すことができるようになることを目指す人がいます。

もちろん人前で情熱的に話す人に心を動かされる人もいるでしょう。

その一方で朴訥な感じで「情熱的とは言えないが、わかりやすい伝え方だ」、「あの人の教え方は上手い」、「相談に対して的確だ」と言われている人もいます。

実際、私のセミナーを受講していただいた後、

「必ずしも、流暢に話す必要はないんですね。新鮮でした」

「この方法なら口下手な私でもすぐに取り入れられます」

との声もいただいています。

さらには、半年から1年後に「売上が上がった」「査定が上がり、昇進しました」「教えていただいた伝え方で部下とのコミュニケーションが改善しました」との声もたくさんいただいています。

実はこの「伝え方メソッド」は話し上手かどうかに関係なく使っていただけるのです。

本書にはこの伝え方のメソッドに加えて、質問術などにも触れておりますのでコミュニケーションに関する情報を網羅できているかと思います。

どうぞ、最後までおつき合いください。

Contents

第4章 伝わる表現にする

第5章　話を引き出す質問術

第6章　相手の心を動かす伝え方

第8章 有効的な対立にする伝え方（コンフリクトマネジメント）

第1章

その伝え方は凶器です

1 全員に同じ説明をしている「マネキンタイプAさん」

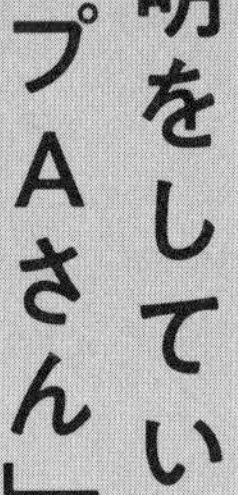

営業企画部で10年目の社員のAさんは非常にまじめですが、少し融通の利かないタイプでした。

そしてよくイライラしていました。

先日も新人の営業マンCさんに怒っていました。

「そんなこともわからないの？」

確かにAさんからすると、知っていて当然と思うことかもしれません。

しかし、経験の差があります。

一方、Aさんはベテランの○さんとも折り合いが良くありませんでした。

何かをお願いする時、Cさんに説明しているのと同じような長い説明をするからです。

Aさんは皆に平等に接することが大切だと言ってますが、これは明らかに間違っています。

解決策は▶P33、78、104

2 何でも「べき」「仕事だから」で片づける「ロボットリーダーBさん」

Bさんは仕事を頼む時、用件しか言いません。

確かに「資料作成の依頼なら役員会で使うからこの集計表を使って」、「お客様に出す資料だから数字は大雑把でいいけど、カラーで印刷して」など、きちんと説明してくれます。

この方の説明はわかりやすいのですが、「なぜその仕事をするのか」の理由を言いません。

Bさんからの仕事が集中しているTさんは非常にモチベーションが落ちています。

先日も締切間際の別の仕事に取りかかっていた際、仕事を頼まれました。

隣の席のいつものんびりしているFさんにお願いできないかと言ったら「君に頼んでるんだよ。業務命令なんだからやるべき」と言って、その仕事の意義・背景については何も言ってくれません。

Tさんはかなりモチベーションが落ちてしまい、最近こっそり転職のエージェントに登録面談に行きました。

Bさんにはどんな問題があるのでしょうか。

解決策は▼P193~198

3 話し出すと止まらない「かっぱえびせんCさん」

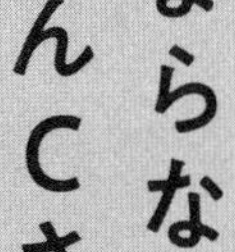

Cさんは、ひそかに「かっぱえびせん」というあだ名がついていました。

「一度話に火がつくと止められない、止まらない」となるからです。

特に会議で盛り上がると大変です。次々と話が飛躍していきます。最初は他のメンバーも盛り上がっているのですが、途中から話が飛躍しすぎて他の人たちはついていけなくなります。

何よりよくしゃべります。先日のブレスト会議では8割以上Cさんが話していました。そんなCさん、最近少し考え始めていました。

「こんなにアイデアを出しているのになぜ評価されないのだろうか」、そして

「なぜ他の人が協力してくれないのだろうか」と。

解決策は▶P117〜122

4 何でも曖昧な指示をする「ファジーDさん」

Dさんは「多めで」「広めで」「濃い目の色で」といった曖昧な頼み方をアルバイトの方や外部の方にすることが多くありました。

先日も駅から「近め」の場所だからと用事を頼まれたアルバイト社員が、途中ゲリラ豪雨があり大変だったと怒っていました。近めというのは駅から徒歩12分もかかる場所だったそうです。

Dさんは徒歩20分のところに住んでいるから12分は近めかもしれませんが…。

自分はきちんと伝えているつもりなのに、どうも「言った言わない」が多いと最近気になり始めていました。

解決策は▶P128～133

5 結論までなかなかいかない「ルパンEさん」

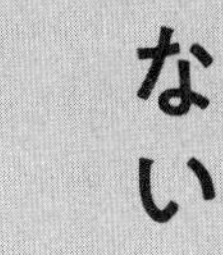

最近リーダーTさんはEさんとのコミュニケーションに悩み、疲れ気味でした。

Eさんは報告や相談をする際にはきちんと時間をかけて上司に時系列で話をするようにしていました。

時折、相談で一方的に10分くらいかかることもありました。

TさんはEさんが相談に来るたび、「またか」という顔をします。

Eさんは「自分はまじめに仕事をしているのに何が悪いのかな」と悩んでいます。

他の部署の人もEさんとやり取りすると時間が長くなると文句を言ってました。

彼は時間を奪うのでひそかに「ルパン」と呼ばれていました。

解決策は▶P33〜36

コミュニケーションに悩む人の代表的な例を5人あげました。
この人たちはこのままではより悪い方向に行きそうです。
しかし、改善方法はあるのです。
それは「伝え方」なんです。
伝え方を工夫すれば、状況を大きく変えることはできるのです。
そしてその伝え方の工夫は本書を読んでいただければできるようになるのです。

第2章

伝えるべきことをシンプルに絞り込む

1 多く話を伝えたい人vs短時間で効率よく聞きたい人

誰も人の話を多く聞きたいとは思わないでしょう。

まれに聞くのが好きという人もいますが、そういった人でもすべての人の話を長く聞きたいわけではありません。

伝え手として自分の話に自信を持つのはいいことです。

しかし、人はそれほどこちらの話を聞きたいとは思っていないことを頭の片隅に置いておきましょう。

伝わる側は10話したいけど、聞き手は1聞いて10にして話を終わらせたいと思っています。この意識があれば、できるだけ短時間で伝えようと心がけるからです。

ですから、

「知っていることをすべて話さなくてはならない」という義務感を手放しましょう。

仮に、こちらが伝える内容を減らしても、相手にとって必要ならば後で「教えてくれ」と言われるでしょう。

聞き手もある程度、共通の認識や知識はありますし、たいていは伝える側と聞き手の知識の差分は1か2、微々たるものでしょう。

たとえば、営業マンは「自社の商品の特徴・強み」を伝えたいのに対し、お客様は「導入することで何が得られるか」「困っている問題を解決できるか」を考えています。

上司は「成果がどれだけ出ているか」「成果につながる情報を知りたい」のに対し、部下は「自分の努力をアピールしたい」と思っているわけです。

だからギャップが生まれるのです。

そのギャップを埋めるために説明するのです。

部下はつい多くを話してしまいがちです。

自分の努力を隅から隅まで話そうとしてしまうのです。

しかし、上司は知りたいことしか頭に入ってこないのです。なぜなら「自分が知るべき情報を埋めよう」と思って聞いているからです。

たとえば、セミナーを受講しに行く際、会社から言われて仕方なく行く場合もあるかもしれませんが、たいていは困った問題を解決することが目的で行くのではないでしょうか。

その際、中には自分が知っている内容も含まれているでしょう。

自分が知りたいと思っていること以外の話も出てくるでしょう。

そういった話まで覚えているでしょうか。

仮に90分の講演を聞いたとして、1から10まで話し手の言ったことを覚えている人はいないのではないでしょうか。

人は自分の聞きたいことだけを聞く、あるいは自分の都合のいい部分だけ聞いて、都合よく解釈します。

だから、自分の知りたいことは覚えているけれど、自分にとってはあまり重要ではなかったことはスルーしてしまうのです。

そもそも90分の内容が全部頭の中に入ってきたら、パンクしてしまいますから。

私自身、今の講師の仕事をしていて時折、「この部分は良かったけど、この部分は知っていた」あるいは「この部分は興味がなかった」などとアンケートに書かれたことがあります。

人は自分の知りたいことだけを知りたいのです。

その点を踏まえて、仮に次の2人の営業マンがいたら、どちらの方の話を聞きたいと思いますか。

Aさん「まず当社について簡単に説明させてください」

Bさん「吉田さんはどのような悩みをお抱えですか」

後ほど詳しくお話ししますが、人は冒頭が一番集中力があります。

そして冒頭の話は聞こうとします。

それなのに最初に「自分の会社の説明をさせてください」と言ってしまうのは非常にもったいないことです。

誰もがダラダラと興味のない話を聞きたくないのです。

ですから「相手の知りたいこと」「相手の問題解決につながる内容」を話すべきで、独りよがりになっている「自分の伝えたいこと」は減らす必要があるのです。

2 不要な情報は思い切って捨てる

相手が興味のない話、関係のない話を長々とするのは相手にとって迷惑ということです。

かつて業績不振だった営業マンの頃に、「自社の説明と相手に興味がないのに自分がいいと思った独りよがりの企画」を何十分も話していた自分を思い出すとぞっとします。

仕事が受注できなかったわけです。

長い説明は相手の時間を奪っている。聞くだけで相手も給料の代償を払っている。

給料泥棒と同じ。

無駄に長い話をしているのは、外で営業中に山手線1周しながら寝ているようなものです。時間のコスト意識を持ちましょう。

そこでこの項でお伝えしたいのは、**「余計なことを話しすぎていませんか」**ということです。そのうえで、**「余計な話を削減していきませんか」**ということです。

そもそも「余計な話」って何でしょうか。

代表的なものをあげていきます。

① 知識や専門用語で「できるアピール」をする

知識や専門用語を使って相手に説明をして、「できる」と思っているのは本人だけです。

本当にできる人は、難解な用語を使わずに簡単にわかりやすく伝えます。

会議やプレゼンなど人前で話す際に、資料にある現在の社会背景などを長く読んで、評価を落とすのもこのタイプの人です。

② 自分の思い入れや頑張ったアピール

—〇〇社のコンペ過去に2度失敗していたので先週は毎日終電でした

—A部長とは3度目の面談で、最初は10分くらいしか話せなかったのですが、今回は30分話して

いただいて

といった経過報告もここに入ります。

頑張ったアピールは自分にしか目が向いていない状態です。

相手が求めているものではないので、伝える必要はありません。

3 経験談や過去の結果の自慢をする

「自分は前の会社でこんなことをしていた」

「自分だったらこうやっていた」

前の職場で大企業に在籍していた人が、転職先でこのように言ってまわりから相手にされなくなることはよくあります。

また、「自分だったらこうやっていた」は完全に後出しじゃんけんです。

そう言うならやる前から伝えてほしいものです。

エピソードを語ることは悪いことではありません。

内容が問題なのです。

相手に共感してもらえるようなちょっとした失敗談や克服体験で、かつ相手の仕事の参考になるものに限定する必要があります。

そうでない自慢トークは、相手に嫌な気分を与え、本人の評価を下げていくだけです。

承認欲求が強いとこのような話し方になります。

自分自身で承認欲求を満たすための何かをやっておきましょう。

3 伝える構成要素を準備する

省く情報を決めたら、次は伝える内容を決めます。

ここは非常に重要なポイントです。

ここが明確になっていなかったり、抜けがあれば当然、伝わらなくなってしまいます。

ここでは2つの方法をお伝えしていきます。

1つ目は時系列に起きたこと、あるいは思いついたことを書き出し、そこから伝えるべき情報をピックアップして、その後、余計な情報をそぎ落とすやり方です。

しかし、この方法は人によっては膨大な時間をかけてしまうことがあります。

また実際に自分が重要と思っていた内容は相手にとってはさほど重要でないという場合もありま

す。

精度を安定させるのが難しいのです。

そこでお勧めなのが2つ目に紹介する方法です。

それはフレームワークを使って話す内容を決めるやり方です。

フレームワークは完璧主義に陥りがちな人には特にお勧めです。

前者の伝えたいことを書き出す方法は完璧主義の人が使うと「あれもこれも」と書き出すことが広がりすぎてしまうことがあります。

しかし、広げすぎは時間との兼ね合いを考えるとよくありません。

何か計画を立てる時、網羅的にリスクを鑑みる「網羅思考」より、あたりをつけて検証する「仮説思考」の方が、早く着手できるし、ゴールにたどり着くという原理と同じです。

時間効率という観点から考えても「フレームワーク」に当てはめてしまった方がいいでしょう。

ではそのフレームワークですが、実のところ無数にあります。

その中でも具体的に推したいのは５Ｗ３Ｈというフレームワークです。

このフレームワークを用いたことで、実際、私の部下で報告に要領を得なかった部下の報告や相談の精度が一気に高まりました。

他にも私の研修や１on１（上司と部下が１対１で定期的に行う面談であり、メンバーの成長のサポートになります。私の仕事に置き換えると、現場の上司と毎月１回面談を行うものになります）などで「部下の報・連・相が的を射てない」と嘆いていた人に紹介したところ、実際に使ってみて悩みが消えたとの声も数多くいただいております。

「５Ｗ３Ｈ」なんて今さらと思った方もいらっしゃるかもしれません。

しかし、この当たり前が抜けていることは結構あるものです。

そもそも伝えたいことはシンプルにそぎ落とすことです。そして何より大事なのが普段から手軽に使えるフレームワークを使うことです。

いくら高次元の方法を知っていても、やらなかったら宝の持ち腐れです。

ここまで書くと「大事なのはわかったよ。だけど忙しいからいちいち伝える前に『5W3H』なんて埋められないよ」と思った方もいらっしゃるでしょう。

しかし、それに使う時間はせいぜい1分程度です。

逆に伝える前に1分程時間を使うことによって「伝わらなくてやり直し」「何度も質問される」などの問題が起こることを防止できるのです。

実際、緊急の仕事をされる方にも使っていただいています。

1. **When……いつ、いつまでに（期限）**
2. **Where……どこの（場所・会社名・所属）**
3. **Who……誰が・誰に（誰が見る）**
4. **What……何を**
5. **Why……何のために**
6. **How……どのようにして（手段）**

When
頻度
時期
決定材料

Who
決定権者
反対勢力

Where
取引先
競合状況

What
内容
商品

Why
理由
背景

How
方法
手段

How much
予算
競合の金額

How many
数量

7 How many……数量

8 How much……金額・予算

（例）

1 When……5月10日までに
2 Where……西井物産の
3 Who……山本常務が見る
4 What……30周年記念式典提案書
5 Why……5月17日のコンペのため
6 How……既定の用紙、補足資料パワポで3枚程度
7 How many……90人
8 How much……1人あたり2万以内

4 伝える内容を準備する

構成要素を決めたら、次は「伝える内容」を準備していきます。

準備する必要があるものは、「結論」「理由」「データ」「テーマ」です。


結論には2種類あります。


1つ目は「自分が伝えたい内容」、いわゆる能動的に何かを働きかける場合です。

2つ目は相手に聞かれたこと、あるいは相手が知りたいと思っていることを報告する場合です。

1 自分が伝えたい内容の場合

まずは、「自分が伝えたい内容」「やってほしいこと」を伝える場合からお話ししていきます。

伝えたい内容には「相手にどう動いてほしいのか」という視点を入れましょう。

これを入れないと動いてもらえません。

何となく「自分が一番伝えたいのはこれだ」と考えるだけでなく、「相手にどうなってほしいのか、どう動いてほしいのか」という観点で結論を決める必要があります。
「どう動いてほしいのか」が抜けてしまうと、聞き手は「それで、何が言いたいの？」となってしまいかねません。

これは重要なポイントですが、意外にここまで伝えきれていないケースは少なくありません。

シンプルに勇気を出して、相手にどう動いてもらいたいかを伝えましょう。これが「結論」のゴールです。

たとえば、今業務が増えていて、部長に「人員を増やしたい」と伝えたいのなら、「人員を増やしたいと思ってもらえる」が結論になります。

ここで、「今業務が増えていて人が足りないです」としか伝えないと、相手からすると「で、何なの？」「へえそうなんだ」で終わってしまいます。

この場合、「今、業務が増えていて、人を増やしたいです。つきましては、求人情報サイト『ビィズパーソン（仮名）』にアルバイト募集の掲載を希望します。予算は20万円です。1人増員で月額の給料は10万円くらいを想定しています。許可いただけますでしょうか」と伝えましょう。

これだけではまだまだ足りない部分もありますが、「人員が足りず、アルバイト1名を採用したい。そのために求人サイトにお金をかけたい」のだなと上司もわかるでしょう。

・ホームページ製作業者を新しい取引先C社に変えてほしい
・「心理的安全性」についての研修を導入したい
・見込み客E社のコンペの進捗を知りたい
・お店の新サービスをインスタグラムの広告に出稿したい

このように「何をしてほしいか」をシンプルに伝えると、相手も動きやすくなります。

2 相手から聞かれたことを伝える場合

次に、「相手が知りたいこと、相手から聞かれたこと」を伝える場合です。

前者の「自分がしてもらいたいこと」が相談なのに対し、この「相手が知りたいこと」を伝えるのは報告になります。

こちらの方が少し難易度が高くなります。

「相手の知りたいこと」が自分が伝えようとしていることとは違う可能性があるからです。

「そんなこと聞いてないよ」「私が知りたいのは違うよ」という言葉が出てくるのはこのケースです。

ではどのように伝えたらいいか説明していきます。

❶ 相手が知りたいことだけ伝えればいいと割り切る

仮に、上司に「京都の烏丸駅から5分圏内のホテルを予約してくれ」と予約を頼まれたとします。

この場合、「〇〇ホテルという烏丸駅から徒歩3分のホテルを予約しました」との報告だけでいいのです。

仮にもう1つ条件が加味され「京都の烏丸駅から5分圏以内のホテルを予約してくれ。ただし、1万円以内で」と頼まれたら、「○○ホテルという烏丸駅から徒歩３分のホテルを予約しました。宿泊費は９０００円です」と1点つけ加えた報告だけでいいのです。

そうすることで「ありがとう」と言われるでしょう。

人はつい相手が求めていない情報を伝えてしまいがちです。

●親切心を出したい

●他のことも調べて気を遣っていると上司に思わせたい

などと考えてしまいます。

だから次のような報告をしてしまうのです。

「○○ホテルという烏丸駅から徒歩３分のホテルを予約しました。宿泊費は９０００円です。何かホテルなのに大浴場がついていて、有線ＬＡＮも使えるみたいです。あとお土産で○○菓子も配っているみたいです」と報告したとしましょう。

そうすると、「大浴場があるかとかお土産があるかなんてどうでもいいよ。もっと端的に伝えて」とイライラさせてしまいます。

せっかく相手のためと思ったことが「余計なことを」と思わせてしまうのです。

もし仮に「できる人」と演出したいなら、こっそりメールで追記の情報を送るくらいにしておきましょう。


自分に置き換えてみましょう。

あなたが仮にイタリアンレストランに予約の電話を入れたとします。

その時、お店の電話に出た方が言うのは「日程と来訪者の名前、人数、コースの希望」くらいでしょう。

ここで、「最近新しいワインが入って、コースについている蟹が北海道の名産で」といった情報は要らないわけです。

❷ 事実のみを伝える

相手が知りたいものは決定するために必要な要素です。

その人にとって重要なもの、決定に影響を与えるもの以外は不要なわけです。

たとえば、営業でB社へ訪問した後、「B社の案件、どうだった？」と上司に聞かれたとします。
理想的なのは次のような回答です。

○「50万円という金額が40万円にならないかとのことでした。それなら決めたいそうです」

○「金額的に問題はないので来週会議で決裁をとるそうです。その会議で落ちることはないと言ってました」

このように、相手の言葉を引用して伝える必要があるのです。

報告する相手である上司は事実を知りたいからです。

ちなみにここで訪問先からの聞き漏れや上司への報告の精度を保つことができるのが「5W3H」です。

ここで上司を怒らせるのは次のような回答です。

「価格が高いと言ってました」

「大丈夫だと思います」

ここで上司が知りたいのは「訪問先B社の担当部長の言葉」、いわゆる「事実」です。見解や、事実に対する解釈ではありません。

ただし、事実だけで相手が情報として満足するようなものにならない場合もあります。この場合、たいてい「それでどう思うか」と相手は解釈を聞いてきます。ですから、事実に対して解釈も準備しておきましょう。

そのうえで聞かれたら「これは私の感覚ですが……」「私の主観になりますが」と解釈を伝えればいいわけです。

❸ 求められていないけれど、相手にとって重要であるだろうことを話す場合

相手から求められていることでもないけれど、伝えておいた方がいいか迷うこともあるでしょう。

その場合は、その人にとって重要なもの、決定に影響を与えるものは重要と伝えましょう。

この場合、3の情報は不要ですが、1や2の情報は伝えた方がいいです。

1. 相手が得になる情報　例）セール、ディスカウント

2. 相手が損をする可能性がある情報　例）値上げ、既存商品の販売終了

3. 伝えても伝えなくても相手には影響がない情報　例）担当者の上司が変わった、人員が減って忙しくなった

5 理由を準備する

人は理由がないものに対しては納得せず、「やらされ感」を持って動く人も多い傾向にあります。

ですから理由はしっかり伝える必要があります。

この場合、主観的な理由ではなく客観的な理由にする必要があります。

自分視点ではなく相手視点で考えましょう。

例をあげましょう。

・ランニングコストが安くなる
・入力業務に３日とられていたのが１日で済むようになった
・組織として時短になる

これら3つの理由は相手（組織）のためです。
ですので、仮にこの理由をあげてサービスを導入してほしいといえば、組織も腰を上げてくれるでしょう。

ここで1つの例として、外部のタイムマネジメント研修を受講したいとします。
その際、次のような理由をあげたとします。

①自分がラクになる
②早く帰れる
③自分が学びたい

しかし残念ながらこの理由では上司もOKしないでしょう。
組織としても上司としてもメリットを感じないからです。
この場合、組織・上司としての視点の理由にしなければなりません。

それでは修正した例をあげていきます。

①他の業務に時間を使え、心身が健康になり、集中力がつく
②残業がなくなり、働き方改革につなげられる
（早く帰ってクリエイティブなこと（デザインスキル）を学べる）
③チームメンバーにもシェアして生産性を高めたい

これなら上司も許可してくれるでしょう。

他にも例を見ていきましょう。

【要望】ホームページの運営会社を変えたい

自分主体の理由
①知り合いでやりやすい
②今使っている会社のサービスが良くない

この場合は次のように変更します。

相手主体・客観的な理由

①ランニングコストが下がる
②契約を結びたいホームページ会社が問い合わせ件数を増やしている実績がある

【要望】次の部署の交流会は表参道にあるイタリアンレストランC店にしたい
【自分主体の理由】
①店の雰囲気がよい
②飲み放題メニューがあり、たくさん飲める
③何か楽しいことをしたい

②の理由は一見、よいと思えるかもしれませんが、お酒を飲めない人もいます。理由を相手主体に変えましょう。

【相手主体の理由・客観的事由】
①個室でゆっくり話せる
②価格が一定だから安心

③交流を図った方がいい

6 相手が動きたくなるデータを使う 効果のあるデータ、効果のないデータ

根拠となるデータはどのようなものがいいのでしょうか。

まずは効果のある順番に触れていきます。

1 聞き手（相手）がすでに信じている人のデータや意見

たとえば部長を説得したいケースで、部長が社長の言っていることを絶対だと思っている場合、「社長が○○と言っていた」と伝えれば反対しないでしょう。

たとえば、採用活動の一環として、応募者への自社紹介を目的としたYouTubeチャンネルを開設したいと思っているとします。

しかし、YouTubeを開設する場合、動画編集を外注するためコストがかかります。

また、実際にやってみなくては視聴者が観てくれるかわかりません。

仮に観てくれる人がいたとしても、応募してくれるかわかりません。

一方で部長は、従来通りに求人情報媒体Aを使った方がコストも安いし、手軽だと思っているとします。

この場合、まずは社長がYouTubeを開設するといいと言っていたと伝えましょう。

そのうえで、社長の言葉を次のように伝えます。

「社長が言っていたのですが、経営者仲間Bさんの会社で、YouTubeに力を入れてから、自社にピッタリの人材が応募してくるようになったそうです。事前にどんなメンバーがいるか、1日の仕事の様子がどんなものかなど実際に働いている様子がわかるからです。自分に合っているかがわかるのが大きいと入社したメンバーも言っているそうです。『入ってみたら、思っていた職場と違っていた』といったギャップもないので離職もしなくなったようです。何より、番組を通じて自社のファンである人が入ってくるのでモチベーションも高いそうです」

このように伝えれば、部長もYouTubeを開設することを承諾してくれるでしょう。

他にも、「部長がよく読むビジネス情報誌Aに『YouTubeで採用に成功した』と情報が書いてありました」などと伝えるのもいいでしょう。

部長の信用する人物、媒体や書籍、ニュースを意見の裏づけとして使うのです。

話を通したい人が参考にしている人物、本、媒体などを把握しておけば、意見を通したい時のデータとして活用できます。

２ 権威あるデータや意見

「国や官公庁、○○研究所の調べによると…」という話は伝える人である本人が経験したものや調べたものより効き目があります。

ただし、この場合、相手になじみがあるデータでないとダメです。

仮に「私がこの前交流会で知り合った、業績を大きく伸ばしている武田物産（仮名）の伊藤社長が言っていたのですが」と言っても、伊藤社長を信頼するかどうかは聞き手が決めることです。

また、目新しいデータだからいいとも限りません。

そのデータを出しているのが信頼に値するところかどうかが大事になってきます。

3 自分自身の行動に基づいたデータ

この場合、自分が信頼に値するような業績を上げているかどうかが大事になってきます。人は話の内容よりも「誰が言ったか」を重視します。

同じ内容であっても常に目標を達成している営業マンAさんの意見と、目標未達が数ヵ月続いているBさんの意見では、当然信憑性も変わってくるでしょう。

もちろん、上司としてはBさんの意見も聞く必要があります。

Bさんの意見が実は有用かもしれないからです。

しかしわかってはいても、業績が伴っていない人の意見は疑いたくなることもあるでしょう。

ですから、仮に意見を出す人が目標未達で結果を出していない場合、「私の考えでは」「私の所感では」「私の印象では」といった自分にしか裏づけがない根拠は説得力が落ちるので避けた方がベターです。

では自分でデータを探すにはどうしたらいいか。

❶ それ自体に注目してデータを探す

たとえばAというクラウドシステムを導入したいなら「Aを使った同業他社の意見」などを伝えるといいです。

これは権威ある人物よりむしろ現場に近い人間の意見がいいでしょう。

❷ 「似たもの」に注目して根拠を探す

仮にAという商品がこれから発売であったり、まだ発売後間もない状態でデータが少ないならば、似ている既存商品をデータとして探しましょう。Bというクラウドシステムを利用した例や、クラウドを使ったことによる「時短」に関する記事でもいいです。特に有名なメディアは効果があります。

❸ 「反対のもの」に注目して根拠を探す

使わないことによるデメリット、使っていないことによるマイナスを探します。

ある仕事をA社に発注したいけれども、B社を使っているという場合は「B社のデメリット＞A社のメリット」になるものを探してくればいいのです。

「B社を使うと、印刷物の色味が良くない」とか「発色が出ていない」などのケースをあげるのです。

または、A社の安全性を前面に出すことも有用です。たとえば、返品交換できるなどもアピールの材料になるでしょう。

7 最初にテーマと一緒に所要時間、説明の順番（内容の構成）を伝える

結論から話したのに「キョトン」とした顔をされたことはあるのではないでしょうか。
いきなり結論を言ったとしても何の話かわからない場合があるのです。

部下「デザインですが、ブルー主体がいいそうです」

上司「デザイン？　何の？」

部下「ポスターですよ」

上司「何の？（イライラし始める）」

「B社の今度のイベントの告知の」

「ああ、B社のことか。何のことかわからなかったよ」

これは何の話か、テーマが抜けているのです。

最初に「何の話か」、テーマを伝える必要があるのです。

テーマを把握しておけば、ミーティングの途中で話が議題からそれてしまっても元に立ち返ることができます。

もう1点、テーマを伝えなくてはならない場合があります。

これは相手から反発を招くことが予想される場合です。

たとえば、今まで進めていたA社との合同プロジェクトを取りやめるように、経営層から指示が入ったとします。どうもA社の財政状況が良くないことがわかったからです。

この場合、いきなり「A社とのプロジェクトは取りやめにすることになった」と結論を伝えたら部下から反発を招くことは否めないでしょう。
まずは「A社のプロジェクトの件だけど」から始めましょう。

人は話の先が読めないもの、不明瞭なものを嫌がるのでテーマを伝えると安心します。
加えてもう1点。所要時間と構成も伝えるといいでしょう。

人は話の内容と終了時間がはっきりしないのを嫌がります。
「ちょっといい？」はその典型。相手の心に負担を与えます。
所要時間と話の構成を伝えることで人は安心します。

×　「ちょっといい？」

○　「木曜日の14時からB社のコンペの件で30分もらえる？」

○　「来週の火曜日・水曜日・金曜日の午後のどこかで西山さんのＯＪＴの件で話したいんだけど
時間ある？　1時間で必ず終わるから」

私が講師をするリアルセミナーの場合、始める前に少し不安そうな顔をしている受講生の方を結構見かけます。

しかし、そのうちの多くの方が、開始早々に「今日1日のスケジュール、構成の内容、休憩時間などを含めた時間の配分」を発表すると、ほっとした顔をされます。

少し前まで小学校の先生や主賓の偉い方の話はイライラしながら聞いている人が多くいました。

これは話の長い人が多かったうえに、いつ終わりになるかわからなかったからでしょう。

人は思っている以上に先が見えないことを嫌がります。

なお、内容の構成を発表することで、時間配分をしっかり守らなくてはならなくなります。

11時に休憩をとると言って、11時30分をすぎても話を続けていれば、クレームが入る可能性があります。

終了時間を宣言することは余計な話をすることの防止にもなるのです。

といっても構成内容は細かく発表する必要はありません。

全体像
大見出し①　タイムマネジメントを上手にするための心得　11時まで
大見出し②　ＥＣＲＳを使って無駄を洗い出そう　14時30分まで
大見出し③　コミュニケーションエラーの防止　15時50分まで

最初に伝えたいことの数を話しましょう。
質疑応答の場面などでもこれらは役立っています。
以下の３点が理由です。

❶ 先に数を言うことで頭の中が整理される
❷ 相手が聞く態勢になる
❸ 話の配分がしやすい

8 フレームワークを上手く活用する

相手に伝わらないのは、伝える内容が間違っているのではなく、伝える順番が間違っているからです。


状況・行動を時系列に描写していくと、相手はかえって何だか理解しづらくなる。

「いったい何を言いたいのか？」となってしまいます。

時系列ではなく重要度の順に話しましょう。


最初に結論から伝えましょう。

人は最初の時間帯が一番集中力があるし、忙しいので、できるだけ早く結論を知りたい。

特にクレームの報告などは結論を知らないと動けません。

次のように、くどくどと前置きを述べていると「だから何が言いたいんだよ」と叱られる羽目になります。相手も理解しづらくなるのです。

「今回Ｂ社のＡ部長と面談することができました。ずっとお話ししようとアプローチしたのですが、やっとのことでした……」

「今回の提案、まさに先方の部長が考えていた案だったと言っていただいて」

最初に大事なことを伝えないと、途中で話を遮られてしまうかもしれません。

逆に、最初に聞いた話が重要、自分には有益と思ったら、耳を傾けてくれます。

ここで大切なポイントをお伝えします、相手が求めている重要度と話し手である自分が考えている重要度が違っていることがよくあることです。

自分が伝えやすい順番や考えた順番で相手に伝わらないのは、それが相手の聞きたい順番や理解しやすい順番ではないからです。

そこで使うといいのが、次のフレームワークです。
ここでは2つのフレームワークをお伝えいたします。

1つ目は非常にシンプルでわかりやすい「SDS法」です。
「SDS法」とは、「要点（Summary）⇒詳細（Details）⇒要点（Summary）」の順で話すフレームワークで、上司へ報告をする際に便利です。

では、SDS法を用いて上司への報告を行う文章例を見てみましょう。

1．要点（Summary）
新しいサービス立ち上げに関しまして、ホームページ作成を何社かと面談して検討してきましたが、C社がいいのではないかと思いました。

2．詳細（Details）
B社、F社ともに検討しましたが、C社はランニングコストが一番安く、業界での実績があるからです。

3.要点（Summary）

よって、ホームページ作成をC社にお願いしたいと思います

SDS法のメリットは、相手との対話が円滑かつスピーディーに行える点です。

相手にまず要点を伝えますが、その時点で決めつけられていると感じさせず、詳細を伝え、最後にもう一度要点を伝えます。

相手はまず要点を理解し、そのうえで詳細を確認し、最後にもう一度要点をおさらいできるサンドイッチ型のため、相手の印象に強く残ります。

「聞いてないよ」を防止できます。

2つ目の対話のフレームワークは、「結論（Point）⇓理由（Reason）⇓実例・具体例（Example）⇓結論（Point）」の順で話す「PREP法」です。

ＰＲＥＰ法のメリットは、ＳＤＳ法と同様に結論から述べるため、伝えたいことをスピーディーに伝えられることです。また、これもＳＤＳ法と同様ですが、最後に二度目の結論を言うので、親近効果も期待できます。

さらに、その結論に至った理由と実例・具体例を明確にするため、より説得しやすくなります。

Ｐ（結論）　広島へ出張させてください
Ｒ（理由）　６月に研修をするＣ社の現場を見にいきたいので
Ｅ（理由の根拠）　Ｃ社は他にも研修のニーズが望めるから今回の研修の内容をより満足いくものにしたい
Ｐ（結論）　ぜひ主張の許可をいただければと思います

9 導入ワードをしっかり準備しておく

ここでは導入で使うといい2つのパターンをお伝えしていきます。

1 質問から入る
2 クッションワード

1 質問から入る

「エクセルの関数VLOOKUPを覚えてください」

かつてリーダーだった頃、異動してきた年上の部下Cさんに伝えました。

しかし、一向にやり方を変えてくれる感じはしませんでした。

そんな時、隣の部署のリーダーが次のような言い方をしているのを耳にしました。

「一気に作業時間が3倍以上短縮するワザを知りたいと思いませんか？」

これだと思いました。

日々の講演でも「心理的安全性についてお話しします」と定義を語っても、受講者は「ふーん。確かグーグルが取り入れているとか言ってたやつか」といった反応です。

しかし、ある時こう言い換えました。

「部下からの報連相が3倍に変わったチームの話を知りたいと思いませんか？　たった1つのことで大きく変わったのです。それが心理的安全性です」ここで受講者側の聞くスイッチが入ったのです。

つかみは大事です。

ネットニュースの見出しで開くか決めるのは冒頭の一文ですし、テレアポの最初のひと言で話を聞くか電話を切るかを決めるでしょう。

２ クッションワードから入る

なお、相手が目上であったり必要以上に緊張してしまう人はクッションワードを用意しておくといいでしょう。

クッションワードは４種類です。

❶きっかけワード
❷予防ワード
❸突破ワード
❹踏み込みワード

❶きっかけワード

↓聞きにくいことを伝える際のクッションワードで、聞く理由を伝えるワードを入れます。

・ベストな提案をしたいのでお伺いしたいのですが
・御社の課題解決のためにお伺いしたいのですが
・いただいたお時間を無駄にしないためにお聞きしたいのですが

❷ 予防ワード

→事故を予防し、聞きにくいことを尋ねる際のクッションワードです。
「こんなこと聞いてもいいのかな？」という時に使うといいです。
お客様には丁寧な姿勢が伝わります。

・間違いがあってはいけないのでお聞きしますが
・無知で大変失礼いたしますが
・大事な点なので失礼を承知であえてお伺いしますが
・もしかしたら以前にお伺いしたかもしれませんが
・先日〇〇とおっしゃっていたので

❸ 突破ワード

→急いでいるお客様や、気難しそうなお客様へのクッションワードです。

・お忙しいところ恐縮ですが、1点だけよろしいでしょうか

・最後にもう1点だけよろしいでしょうか

❹ 踏み込みワード

↓慎重派で本音が見えないお客様へのクッションワードです。

・個人的なご意見で構いませんので
・可能な範囲で構いませんので
・支障が出ない範囲で構いませんので

第3章

伝え上手になるための心得

1 心を整える

わかりにくい伝え方になる要因の多くに「伝える側の心の乱れ」があります。

たとえば、絶対に受注できると思っていた案件で、先方の上司の鶴の一声で受注を逃がしてしまったとします。

大口顧客で受注を獲得できれば、今月も目標達成だったはずでした。

ついショックで、メールで別の仕事を依頼する際、伝達を漏らしてしまいました。

あるいは年上の部下と口論した後、メールで感情の思うままに書いて送ってしまった。メールは取り消せないので、後の祭り。

このように感情がヒートアップしてしまい、相手を傷つける凶器のようなメールを送ってしまったことがある人も少なくないのではないでしょうか。

ですからイライラしている時など感情が乱れている時は、メールを送る前に数分クールダウンの時間をつくりましょう。

メールに限りません。

リアルで会話する時も同様です。

感情が乱れている時は注意力散漫になりやすく、相手の大事な話が抜けてしまう場合もあります。

あるいは聞き間違いをしてしまうかもしれません。

伝えるにしても書くにしても聞くにしても、感情の乱れは後々のミスやトラブルになりやすい。

ですから、クールダウンの儀式を準備しておきましょう。

クールダウンとは感情が乱れた際に冷却期間を置くことです。冷却期間といってもそんなに長時間はいらないでしょう。数分でいいでしょう。

ではどんなものがクールダウンとしていいかというと、例をあげていきます。

●コーヒーを淹れる

コーヒーは、「セロトニン」という脳内神経伝達物質を増やすという効果が報告されています。「幸せホルモン」とも言われ、セロトニンの分泌量が多いと、ポジティブな気持ちになれます。

またカフェインはストレスを解消し、緊張をほぐす効果もあります。

●ガムをかむ

脳から、深い瞑想をした時やぐっすり眠っている時に見られるアルファ波と見られる波が生まれ、心を静める副交感神経が優位に働きます。

●子どもやペットの画像を見る

心が和み、ご機嫌になり、頑張ろうと思え、自律神経にプラスに働きかけることができます。

●自分の心に対しての実況中継をする

「怒りの感情が湧いてきて自分は怒っているようです。冷静にならないとミスが置きそうです」といったように実況中継をします。

なお、人はそれぞれ怒りやすい時期、場所、シーン、相手があります。

心理学で効果の実証された簡単な方法として、「Ｉｆ・ｔｈｅｎプランニング」と呼ばれる方法があります。

「Ｉｆ・ｔｈｅｎ」とは「もしこうなったら、こうする」という意味です。

できるだけイライラしないように、実際起きそうな出来事を想定し、あらかじめ対策を練っておくのです。

具体例をあげていきましょう。

1 時期を把握する

たとえば、火曜日の朝の会議の後にイライラしやすいとします。

この場合、次の1時間を自分の仕事のための時間とし、仮に自分に部下がいるなら「相談禁止タイム」とします。

相談禁止なんて大丈夫なのか？　と思った方もいらっしゃるかもしれませんが、そもそも大事なお客様との面談や幹部会議などで相談を受けられない時間帯はあるでしょう。

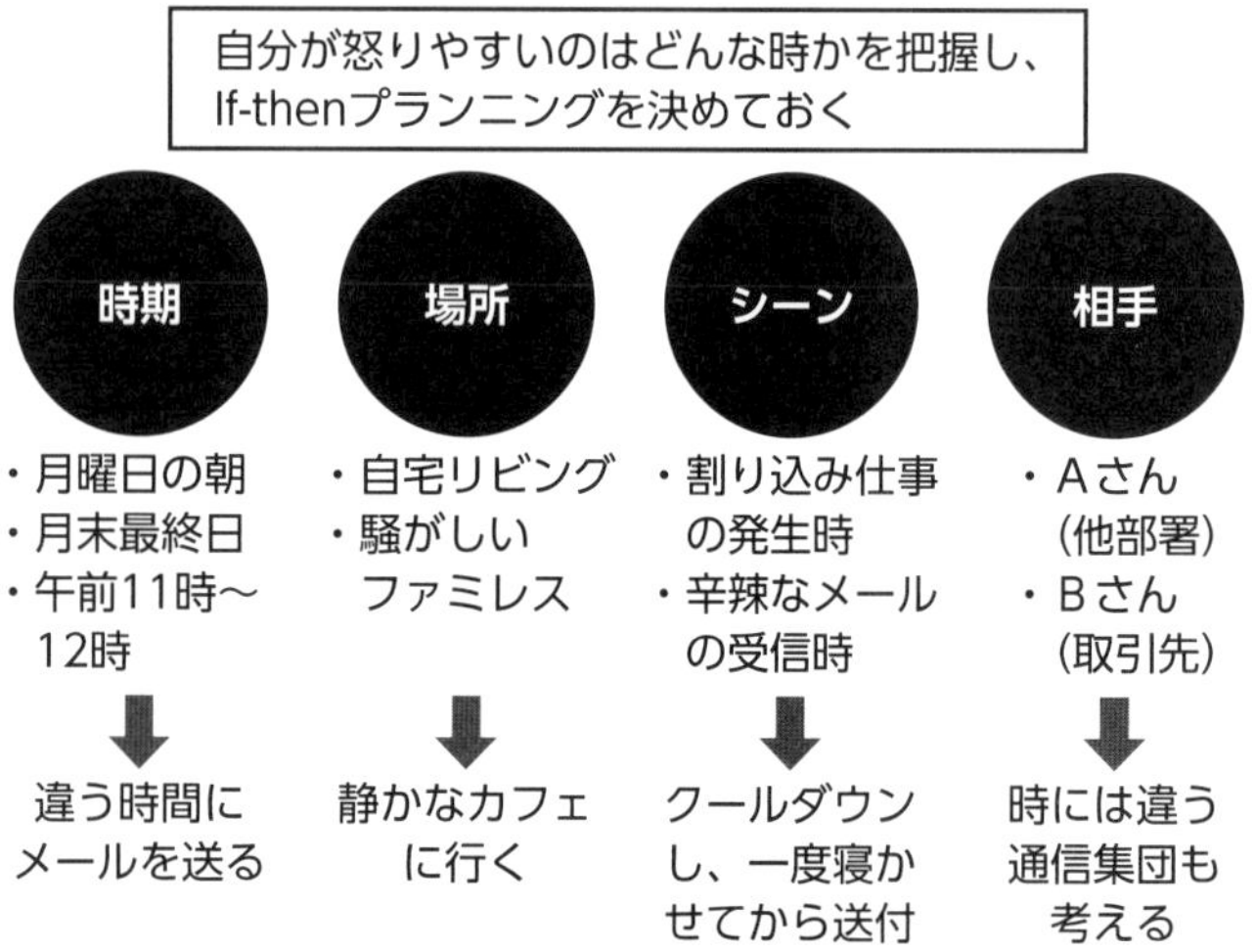

その他の時間に相談をしてもらえば、何の問題もありません。

2 場所

テレワークが導入された会社などの影響もあるからか、最近は電車が少し空いてきましたが、それでも通勤電車は混んでいます。

ゆったり座れる各駅停車で行こうと決めるのもありです。

会社の中にイライラしやすい人がいたら、そっと会議室に行くのもいいでしょう。ちなみにかつて私はイライラしてあたりやすい上司の日時を把握しておき、月の20日前後は面談の時間を多く入れて、その場にいないようにしていました。

③ シーン

こんなことが起きるとイライラにつながりやすいというシーンで思い浮かぶものもいくつかあるのではないでしょうか。

たとえば、辛辣なメールを受信した時などです。

メールは相手の顔が見えないので、言葉の裏にある相手の表情が読めず、よりずしっと来ます。

仮にあなたが部下にきついメールを送って失敗してしまったという経験があるなら、好きなカカオのチョコレートを食べてから連絡すると決めておくのもいいでしょう。

あるいは電話だと落ち着いて話せる場合は、電話にするなどと決めておくのもいいでしょう。

④ 相手

たとえば、兄弟３人がいたとしても、１人だけが怒られてばかりいるということはよくあります。

同じように、Ａさんが同じことをしてもイライラしないのに、Ｂさんが同じ失敗をしたらイライラしてしまうなんてことはあります。１のところであげた「相談禁止タイム」ではありませんが、なるべく怒ってしまう相手とは接触を避けるのも手です。社内に限らず、社外もそうです。自分のバイオリズムも把握して対策を練っておきましょう。

2 相手の前提（知識・スキル・熱意）を把握する

専門家の方の中には話が難解でわかりにくいと言われている人もいます。

これらの人の中には意識して難しく話そうとしている人もいます。

しかし無意識にでもそう話してしまう人もいるでしょう。

私自身、他業界の人や経験の浅い人に業界の専門用語を使ったり、知識やスキルを知っているという前提で説明し、後で「上手く伝わらなかった」「違った伝わり方をしてしまった」なんて経験が何度かあります。

業界やその仕事の経験を積めば積むほど自分自身を基準に「わかるだろう」という前提になっていきます。

こうして実際の相手の知識やスキルとの乖離がどんどん大きくなっていきます。「こんなの知っているよな」と自分にとっては常識であっても相手にとっては常識ではありません。非常識の場合もあります。

ですから、部下や外部の人に仕事をお願いする時は「どれくらい知識・スキルがあるか」を確認する必要があります。

相手の知識・スキルの状況において説明を変えていく必要があるからです。

ところが、この相手の知識・スキルについて聞いても

「大丈夫です」

「知っています」

という答えが返ってくることが多いです。

実際仕事を頼んでみると「上手くできない」「進まない」というケースが多くあります。

正直に言えばいいのにと思いますが、これはあくまで上司や先輩の視点です。

部下の視点からすると「知らない」「できない」とは言いづらいのです。

「知らない」「できない」と言ってしまうと、

・能力がないと思われるのではないか
・評価を下げられるのではないか
・叱られるのではないか

という不安があるからです。

こういった不安を軽減し、「知らない」「できない」と言える雰囲気を作る必要があります。

いわゆる「心理的安全性」を確保する必要があるのです。

ここで「心理的安全性」についてご説明いたします。

心理的安全性とは、みんなが気兼ねなく意見を述べることができ、自分らしくいられる文化のことをいいます（エイミー・C・エドモンドソン）。エイミー・C・エドモンドソンは、リーダーシップ、組織学習のアメリカの学者で、心理的安全性の概念を生み出した方です。

「『知らない』『できない』と言っても評価は下げないから大丈夫」とか、

「やってみて失敗しても積極的であるとみなし、評価は下げない」とか、『知っている』『やったことがある』と言って説明を聞かずにいて、途中で『できない』と言ったら叱る」と伝えればいいのです。

なお、「知っているか」「できるか」といった相手の知識やスキルといった前提を質問する場合は、「間違っていても大丈夫」「知らなくても大丈夫」といった心理的安全性が確保されていると感じさせるようにしましょう。

具体的には、次のような安心できるひと言を質問の前に添えます。

「私も最近知ったのですが」

「知らないのは悪いことではないから」

「誰しも最初はできなかったのだから」

熱意を把握しておく

さらには、相手が説明を受けることで何を知りたがっているか、何を理解できればメリットになるか、そして相手の熱意を把握しておきましょう。

ここでいう「熱意」とは、その商品やサービスを購入したいという気持ちがあるかといった点です。

知識やスキルと同様に、自分に熱意があるからといって相手にも熱意があるとは限りません。また、相手が熱意の高い様子を示しても実際のところ進捗していくかの本当のところは見えないものです。

相手の熱意を知っておかないと空回りすることになります。

時間は限られていますので、時間の浪費になる可能性も否めません。

熱意を把握せず、時間を浪費してしまった例をあげていきます。

・自社媒体の空き枠を仮押さえして向かった→媒体資料の問い合わせのレベルだった
・提案資料を作成→「相見積」の相手としてしか考えられていなかった
・高額案件のため、支店長に同行していただく→立ち話で終わってしまい、本格的な商談にならなかった
・確度の高い案件であるのに、自社商品の概要パンフレットを持って行った→相手の要望を分析し

て詳細な提案書を用意しておけば良かった

3 傾聴力を鍛える

傾聴って簡単そうに見えて難しいものです。
傾聴と聞くとどんなイメージがありますか。

・相づちを打って聞く
・うなずく
・相手に体を向ける
・否定しない
・笑顔を見せる
・最後まで聞く

これらをまとめると、相手が話しやすいような外見を作るということになるでしょうか。

もちろん大切なことです。

しかめっ面をしている聞き手よりも、柔らかい表情で相づちを打ってくれる人の方が話し手としてもいいでしょう。

しかし、ここで問題があります。

実は相づちを強く意識しすぎると、途中で相手の話に集中できなくなることがあるのです。

それ以来、私は「相づちが止まるかもしれないけど、真剣に聞いていると思って。話に集中していくと、余裕がなくなるから」と何度か会っている人には伝えるようにしました。

それで文句を言われたことがありません。

否定ワードを使ったり、相手の話を止めたりしなければいいと思っています。

大事なのは意識して相づちを打つより、相手の話に集中することです。

私はマルチタスクが苦手なので相づちを打ちながら、難しくなってきた話、大事な話に長時間集中することができません。

ですから外見の「傾聴」より「内容」の傾聴を重視することにしたのです。

この項目では、いくつか傾聴する際に注意した方がいい点をお伝えしていきます。

1 相手の話を聞く時は、「次に何を言おうか」を考えない

かつて部下がミスの状況報告をしている時、「どういう言葉で注意しようか」と考えていたら、話がたまに抜けてしまうことがありました。

独立したばかりの頃に参加していた交流会では、自分がどうアピールするかばかり考えて自分の番を待っていたので、他の人のことをほとんど覚えることができませんでした。

しかし、これはもったいないことです。

「適切な伝え方」をするためには相手の情報を知る必要があります。

その機会をみすみす逃がしてしまっているのです。

次の2人の先輩、あなたならどちらの方に好感を持つでしょうか。

Ａ：相手の話から「営業のクロージング」に困っていることに気づき、「二者拓一質問（Ｙｅｓか
Ｎｏで答えられるような聞き方ではなく、ＡとＢの選択肢を出して、どちらかを答えてもらうように導く質問）を使うことと『在庫僅少なので早めに』とおすすめするトークをアドバイス

Ｂ：相手の話から「何となく営業全般に困っていることがわかった。相づちを打つことに集中していたのでじっくり聞けなかった。頑張れば結果はついてくるよ」とアドバイス

Ａさんは情報をしっかり把握していたから、適切な対応が取れたのです。
マインドフルリスニングという傾聴の技法があります。
「いま、この話に集中する」ということで、この点を意識しましょう。

2 危険な話題はこれだ

相手とのコミュニケーションが上手くいかなくなる危険があるのは、意外な話題です。
実は雑談というと、自分が知らない話題より詳しい話題がいいと思いがちです。
しかし相手に好感を持ってもらえるのは前者であることが少なくないのです。

たとえば私は野球が好きで、年に何回か観に行くくらいです。

12球団どこの球団の話にもある程度ついていくことができます。


しかし、野球の話をしすぎて、本題に入れず失敗したなという経験が結構あります。

実は得意な話題は自分が多く話しすぎてしまうから危険なのです。

私は旅行も好きなので、各土地の話が出てくる時も注意しています。


相手の情報を知り、交流を深める機会をみすみす損失してしまうので注意しましょう。

3 質問されたからといって相手の話を多く聞きたいわけではない

現在の仕事柄、色々なメディアから取材を受けたり、講演終了後に質問を受けたりすることは多いです。

ただし注意しなければならないと肝に銘じていることがあります。

それは「質問されたからといって相手はこちらの話を多く聞きたいわけではない」ということです。

かつて取材や講演の質疑応答で質問を受けた時、相手のためと思って多く話したことが何度かありました。

最初のうちは喜んでくれていても、長くなるとだんだん相手の顔が険しくなっていくこともありました。

最初の頃は暢気に「おかしいな。私の話を聞きたいんじゃないかな」と思っていたのですが、そうではなかったのです。あくまでも仕事であり、就業時間内だからだったのでしょう。

また、勉強になると思って聞いていても集中力が低下してくるものです。

聞かれたからと言って多く話しすぎない、ここは強く意識しないといけないと感じます。

せっかくの相手の情報を聞くチャンス、伝え上手になるためにも聞き上手を目指していきましょう。

4 話の飛躍はこうすれば改善される

相手に伝わらない人の中には話が飛躍してしまう人がいます。

この話の飛躍には「話題の飛躍」と「論理の飛躍」の2種類があります。

1つ目の「話題の飛躍」からお伝えしていきます。

話題が飛躍してしまう人は頭の回転が速いことが多いです。

次々にアイデアが浮かんできて、話題が移っていきます。本人もあまり自覚がなく、つい話題を変えてしまっているのです。

特に会議で起きることが多く、周囲の人がついていけなくなります。

「あれ、何の話だったっけ？」となることも少なくありません。

1つ1つリスクや根拠を検証しながら、物事を進めていくタイプの人からすると、イライラする相手であり、対立しやすいのも特徴です。

もし自分がこのタイプだとお思いの方は、タイミングを見て「ここまでで何かありますか？」と聞くようにしましょう。

あるいは最初の議題をメモに書いておき、時折確認しましょう。

そのうえで話題が違っていることに気づいたら「飛んでしまってすみません」と伝えるようにしましょう。

続いて「論理の飛躍」について触れていきます。

お恥ずかしながら、かつての私は論理の飛躍が多く、上司から叱られることが多くありました。

解決方法としては、原因と結果の因果関係をしっかり確認することです。

因果関係を1つ仮定したら、他の場合はどうかをしっかり検証しましょう。

自分のアイデアは通したいものです。

だから因果関係がつい甘くなってしまうのです。

本来は直接的な因果関係がないのに、無理に因果関係があると結びつけてしまうケースは少なくありませんので注意が必要です。

そうなると「投資したのに上手く行かない」あるいは上司に「リスクの検証が甘い」と言われるようになります。


たとえばアパレル会社の名古屋店の人がＳＮＳ広告を出稿したいと考えていたとします。

理由は自社の神戸店がインスタグラムの広告を出稿したらその週の売上が前週の１１７％になったからです。

しかし、これで「因果関係がある」と考えてしまうとリスクがあります。

このままでは、リスクを鑑みる本部長は申請を承認してくれるかどうかわかりません。


この場合、同じような他のケースではどうだったかを検証します。

調べてみると、同じ時期に京都店でインスタグラムの広告を出稿したようです。

しかし、京都店では売上に反映しなかったようです。


そこで成功していた神戸店に問い合わせてみたところ、広告を見て商品をいいと思ったインフルエンサーの1人が投稿をしてくれた影響が大きかったということが判明しました。

名古屋店の店長であるあなたは部長に「神戸店が広告を出稿して売上が増えた」ではなく「このインフルエンサーに紹介料を払いたい」と申請しました。

「なぜ広告でなくてこのインフルエンサーに紹介料を払うのか」と聞かれた時、因果関係も含めてきちんと伝えたので、部長からも「おーっ」と思ってもらえました。

特にリスクを鑑みることの多い上層部にはこの因果関係を示しながら提案するのは効果的です。

他にも身近なところで見ていきましょう。

「着手が早い」（原因）⇒「期日通りに終わる」（結果）と考え、納期に遅れがちなあなたは仕事が速いAさんに期日通りに終わらせる要因を聞きました。

また、因果関係とは、原因と結果が相互に関係しているもので、ひっくり返しても成立します。不安な時は原因と結果を入れ替えても通用するか確認しましょう。

この場合、結果と原因をひっくり返してみます。

「期日通りに終わる」（結果）のは「着手が早いからだ」（原因）が成立します。

【思い込み】インスタグラムの広告を出稿したから神戸店の売上が増えた

【実際】インスタグラムの広告を見たあるインフルエンサーが紹介したから販売増に

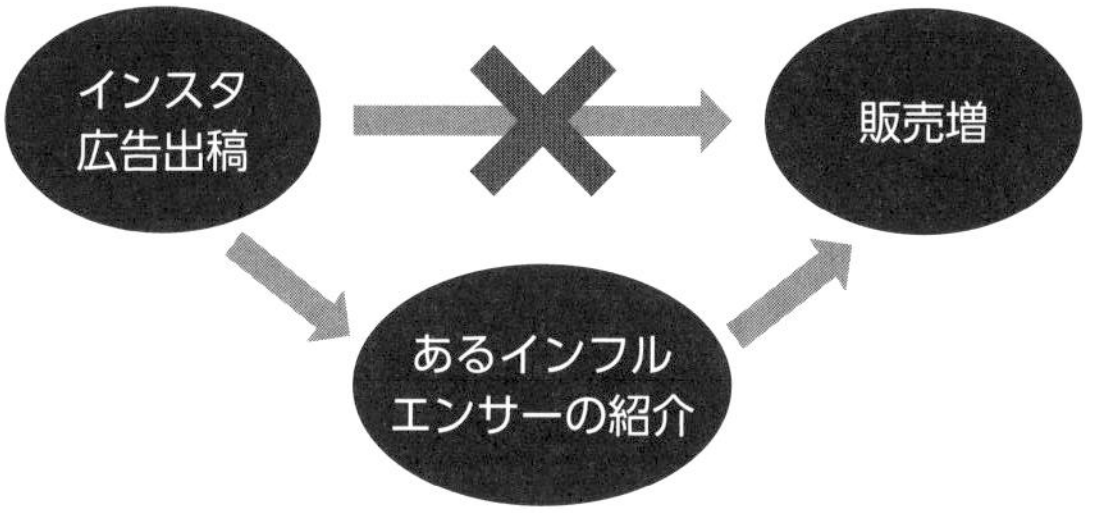

【要望】インフルエンサー Aさんに商品紹介料を支払いたい

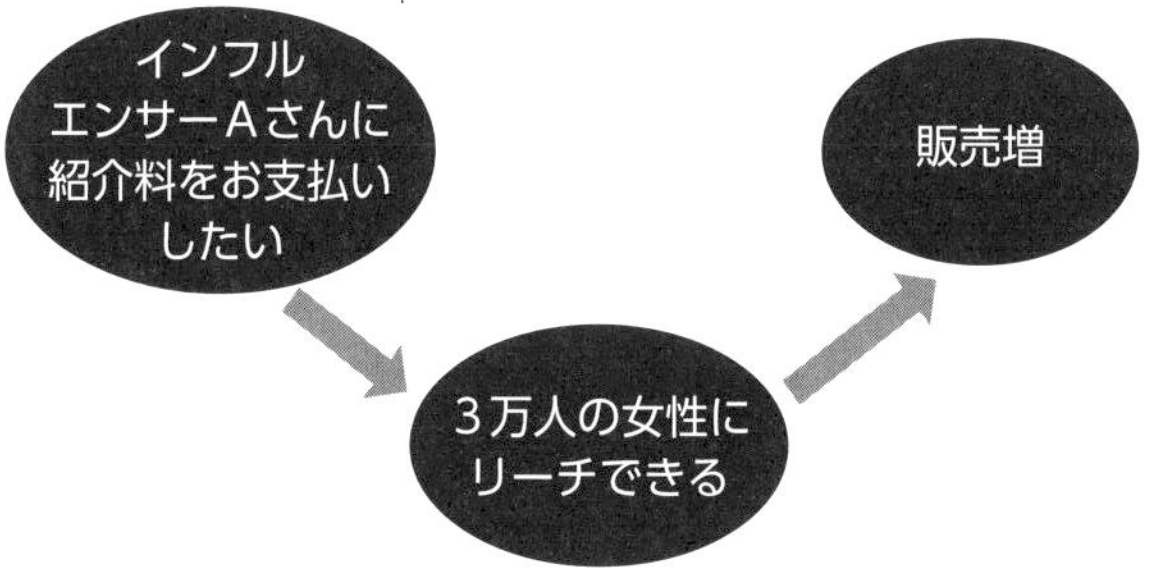

着手が早い
因果関係になっている
期日通りに
終わる

一定の時間を
確保している
因果関係になっている
英語の勉強を
継続している

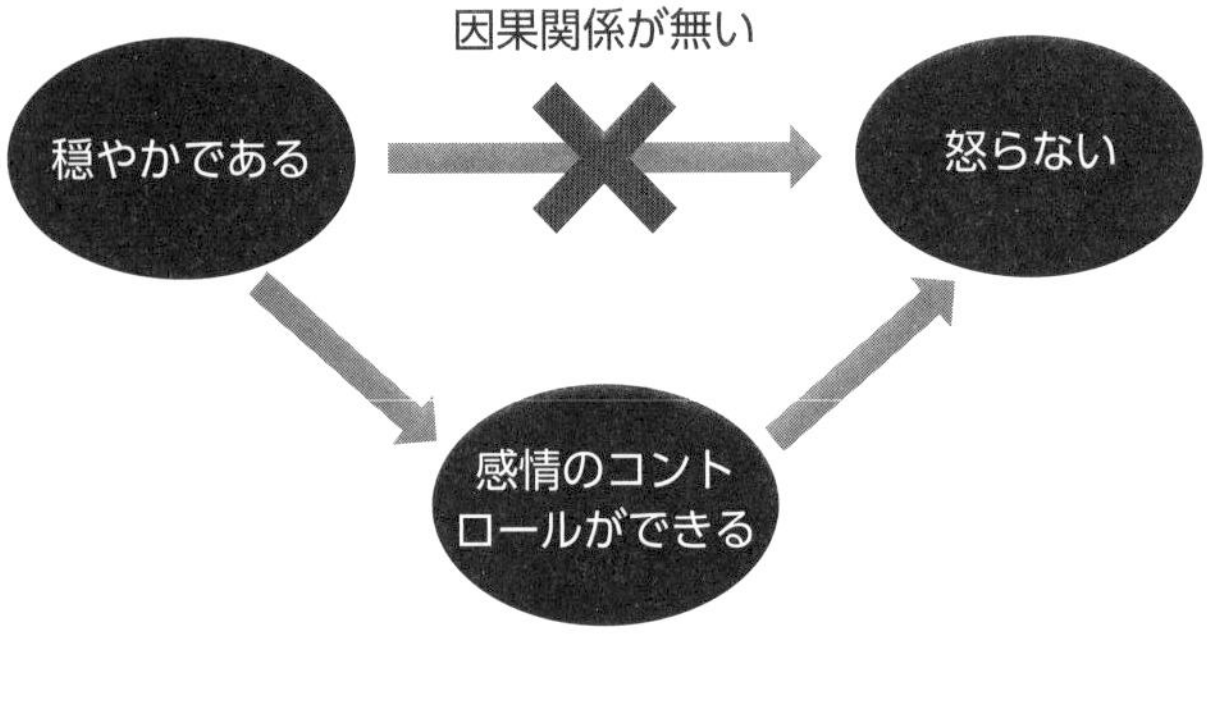
因果関係が無い
穏やかである
怒らない
感情のコント
ロールができる

このように何か結果がある際、因果関係を分析していくことが大切です。結果に直接影響が出る方法を取り入れることができ、成功の確率を高められるからです。

5 伝える必要がないから資料がある

以前、体調が悪く病院に行った帰りに調剤薬局で薬剤師の方に丁寧に長い説明を受けたことがあります。
正直、立っているのも辛い状態でした。
そんな時に立ったままは3分でも辛かったです。

「紙を見ればわかるので説明は省いてもらってもいいですか？」と質問してみたところ、「きちんと説明したいんです」との回答でした。確かに決まりはあるのかもしれませんが、これには言葉を返したくなりました。

一方で、後に別の薬剤師さんとお話しした時は、30秒くらいで終わりました。

要点だけ説明いただいて、わからなければ紙の案内を見るか、連絡くださいと言っていただいたのです。

わざわざ口頭で全部伝える必要はありません。

「読めばわかる」場合は、説明しなくてもいいのです。

後で詳しく見るために資料はあるのです。

「念のために」が癖になっていませんか？

「念のために」とリスクを恐れて伝えることを増やすたびに、かえって相手に伝わらなくなります。そもそもあなたはいつでも10伝えられたら困りませんか？　説明しない勇気を持ちましょう。

最近はホームページの影響で少なくなりましたが、以前私が営業していた頃は会社案内を出す営業の人がいました。

実はここが売れる営業と売れない営業の違いで、会社案内から出す先輩は売れない、いきなり雑談や質問から入る先輩は売れる、ということに気づき真似をするようになりました。

10伝えなくてはいけないと思っている人は「伝えない勇気」を持ちましょう。

必要だったら相手は聞いてきます。

しかもその提案資料に書いているもののうち、相手の知らないことはどれだけあるのでしょうか。

１００％ということはないでしょう。

知っている知識はあるはずです。全部伝える必要はないのです。

逆に相手の知りたいこと、知っておかなくてはならないことはどれくらいあるのでしょうか。

資料は伝えきれていないことを補完するためのものと考えましょう。

6 わかりやすい話し方をしよう

ここまで色々書いてきましたが、伝え上手な方は話し方も工夫をされています。
それでは見ていきましょう。

1 会話のキャッチボールがしっかりできている

一方的な会話をする人は相手から「この人の話長いな、聞き流そう」と思われてしまいがちです。
具体例を見てみましょう。

A「ゴールデンウィークはどこか行かれる予定はあるんですか」
B「ゴールデンウィークは久しぶりに色々行こうと思ってるんですよ。前半と後半に分けて。前半は京都、後半は函館に行こうと思ってます。函館の八幡坂、久しぶりに行きたくて。他にも坂が多いですよね。函館は……」

Ａ「……（いつになったら終わるのかな）」

このように自分が会話のボールを持ち続けてしまう人の印象はよくありません。

この場合は次のように、相手にボールを投げ返せばいいのです。

Ａ「ゴールデンウィークはどこか行かれる予定あるんですか」
Ｂ「前半は京都、後半は函館に行こうと思ってます。Ａさんは？」
Ａ「私はまだ伊豆でも行こうかなと」
Ｂ「伊豆、いいですね」

２ へりくだりすぎない

日本では謙遜の文化が根づいています。

相手の気分を害さないのはいいことです。しかし、以前乗っていたエレベーターでお互いにドアを譲り合っている人を見て、自分の降りる階ではなかったのですが、「早く降りてくれよ」と内心イライラしてしまったことがあります。

２章で紹介したクッションワードは重要ですが、あまりにもへりくだりすぎてなかなか本題に入らない時は「だから何?」と思われてしまいます。

本題に入る前に相手が聞く気をなくしてしまうかもしれません。

3 複数の用件を一方的に頼まない

部下「○○課長、B社へ特別価格を出したいので稟議書をお願いします。あと、来週C社へ行きたいので九州への出張申請です。それから、1件相談があって……」
上司「ちょっと待ってくれよ。1つ1つ聞こう」

この場合、最初に3つ案件があると言っていないのが問題です。

加えて一気に3つお願いを一方的にしているのも問題です。

この場合、1つの案件を伝え終わったら、課長の「それで次は」というまで、次の用件を伝えるのを待ちましょう。

矢継ぎ早にお願いされて嬉しい人はいません。

4 完璧主義に陥って全部伝えようとしない

話が長くなってしまう人は、「あれもこれも伝えなくては」ではなく、まず1つ伝えると考えましょう。

以前、営業で今日は5点必ず伝えることがあると欲張った際、最後の1つが出てこなくなり頭が真っ白になったことがあります。結果、「えーっと」などの前置きが多くなり、話がしどろもどろになってしまいました。

7 構造的に伝える

また、話が長くなってしまいがちな人は、個別の事項を共通項にまとめるといいでしょう。

たとえば、買い物を頼むとします。

ブドウ
みかん
バナナ
キャベツ
トマト
ポテトチップス
ポッキー

マンゴー
コアラのマーチ
きゅうり

これらを頼む時、共通項で括ったうえで頼んでみましょう。

果物と野菜とお菓子の3点をスーパーに行って買ってきてほしい。
○果物は4点。
ブドウとみかんとバナナとマンゴー
○野菜は3点。
キャベツとトマトときゅうり
○お菓子は3点。
ポテトチップスとポッキーとコアラのマーチ

こう伝えた方が相手の頭の中が整理され、伝わります。

今度はビジネスの話で仮に昨年の12月に目標未達だった原因をあげろと言われたとします。

この場合も書き出します。

最初はできるだけ広げた方がいいでしょう。

・毎月定期的にオーダーが入っている既存顧客A社の離脱
・見積もり提出した大口見込み顧客B社の失注
・見積もり提出件数が前月の8件から4件に減少
・4件の見積もり提出のうち1件しか獲得できなかった
・社内のプロジェクトに時間をとられた
・急な問い合わせに時間をとられた
・営業日数が4日少なかった
・競合C社の低価格の新商品の登場

このように書き出していきます。

そのうえで、理由を各カテゴリーに分類していきます。

【顧客の失注】
・毎月定期的にオーダーが入っている既存顧客A社の離脱
・見積もり提出した大口見込み顧客B社の失注

【タイムマネジメント不足による行動量の減少】
・社内のプロジェクトに時間をとられた
・急な問い合わせに時間をとられた
・営業日数が4日少なかった
・見積もり提出件数が前月の8件から4件に減少

【提案から受注への精度が低い】
・見積もり提出した大口見込み顧客B社の失注
・4件の見積もり提出のうち1件しか獲得できなかった

【理由ではないが注意案件】
・競合C社の低価格の新商品の登場

このようにカテゴリー別にまとめ、次のように報告します。

> 12月が未達だった理由は3点あります。
> 1点目は大型顧客の失注です。
> 2点目はタイムマネジメント不足による行動量の減少です。
> 3点目が提案から受注への精度が低いということです。

ここで1つのポイントとして、注意案件を理由に含めないことです。

理由でないものが入っていると整理できてないなと思われてしまいます。

このように構造的に整理して伝えると、文字量にしたら同じ量なのに短くわかりやすいと思われます。

8 間を有効活用する

「間」、いわゆる沈黙はコミュニケーションが苦手な人にとって苦痛な場です。

なぜなら沈黙の間、相手が何を考えているかがわからず緊張するからです。

実はコミュニケーションが苦手な人の多くが話しすぎてしまうのは、この「間」がこわいからといいます。

私自身、若い頃異性と1対1になると、この「間」があると余計なことを考えてしまうので、ひっきりなしに話していました。

結果、逆に話しすぎで距離感が縮まりませんでした。

営業でもクロージングするためには相手に考えさせないことが大事だと勝手に解釈し、「間」を作りませんでした。

結果的にはコンペで負けてばかりでした。

しかし、一方でコミュニケーションが上手な人は逆に「間」を歓迎し、上手く活用しています。

「間の上手な人はコミュニケーションを制する」と言っても過言ではありません。

ではその「間」、どのように活用していけばいいのでしょうか。

「話上手になりたい」人は多いもので、私のところにも相談に来る人は多くいます。しかしどうも話上手というのは、人前で流暢に大袈裟に身振り手振りをしながら話す人をイメージしている人が多いようです。

このような人前で話す人は、上手く緩急をつけたり、ある部分で声を大きくするなどのメリハリをつけています。

しかし、残念ながらこのようなタイプの人で営業成績が良かったり、部下を上手く動かしてチームをまとめているリーダーは意外と多くありません。

大勢の前でスピーチする時はいいのですが、1対1などの場面ではわざとらしく見えてしまうのか難しいようです。

実はこういう時にくどく見えず、何度も使えるワザが「間」なのです。

ここで「間」を使うことによるメリットを3点お伝えしていきます。

1 間の直後は伝わりやすい

間をつくった後は、相手もこれから大事なことを話すんだなと感づいてくれます。

たとえばそれまで雑談をしていたのに、「間」が入るといよいよ本題だなと心の準備をします。

また「間」は小休止でもあるので、相手も集中力が低下していません。伝え方が上手な人は大事なことを話す前に「間」を作っています。

2 相手に思考を整理してもらえる

私は講演や研修の際、意識的に「間」をつくります。

沈黙への対応方法

沈黙は相手が自分の考えをまとめるためのもので
悪いものではない

★待っているのが耐えられなくなった時の対応方法★

- 場を離れる
- 最初から振り返る
- 疑問点がないか確認
- 話題を変える

「間」を作ることによって受講していただいている方に思考整理をしてもらえるからです。

営業していた頃は「ここまでの中で何か疑問点はありますか？」と間を活用することもありました。この「間」の後にお客様が買うモードになったこともあります。

3 「あの」「えーと」などがなくなる

私がセミナーや講演の講師を始めた頃、よく「えーと」を使っていました。

しかし、最近動画を撮影する機会が多くデータを見ると、この「えーと」が消えていました。全く言わなくなったのです。

思い当たる理由を考えてみました。

それは間を使って次に何を話すかを決めるよう

になったからと気づきました。

特に講演やセミナーなどでは前もって準備ができます。

ですからあまり「えーと」は使わないでいられます。

しかし質疑応答の際、予期しない質問が来ることがあります。

そんな時はすぐに答えられないこともあります。

この場合急いで答えようとすると「えーと」の連打です。

ここで「間」を使うのです。

質問に対して「はい」と答えてから間をつくります。この間に落ち着きも取り戻せます。

このように堂々と「間」を使うと信頼をおける人と見られるようです。

あなたがリーダーでも営業マンでも、部下やお客様から相談を受けた時、「間」を上手に使える人は堂々として頼もしく見えます。

先ほど理由は3つまでに絞りましょうと言っておいて何ですが、もう1点だけ「間」のメリットを追加させてください。

4 冷静な気持ちになれる

間は何より頭の中をクールダウンし、冷静な気持ちにさせてくれます。たとえばマウントをとってくる人がいたとします。ここで言い返しては相手の思うツボです。こんな場合は、沈黙で返せばいいのです。

マウントをとってくる相手は、相手が反撃してくるのを楽しんでいる傾向にあります。間は「相手にしませんよ」という意味合いを相手に伝えるので去っていきます。変にストレスを溜めないということでも「間」は大きな武器になりますね。

第4章

伝わる表現にする

1 ネガティブワードはポジティブワードへ言い換える

辛辣な意見を言ってただ嫌われるのは意味がありません。

相手が肝心な時に動いてくれなかったり、やっつけ仕事になってしまう可能性があるからです。

どうせなら気持ちよく動いてもらいたいものです。

ですから、「～できない」の否定形ではなく、「～すればできる」という言い方をしましょう。

仮に自分が言われたらどう思うかと考えれば、ポジティブに変換しようと思えてくるのではないでしょうか。

×「購入から２週間経ったら返品はできません」

○「購入から２週間まででしたら返品は受け付けています」

×　「君の話し方は主語がないからわかりづらい」

○　「主語を必ずつけることを意識すれば、もっと話がわかりやすいって言われるよ」

×　「さっきの会議のプレゼン完全な準備不足だね」

○　「前日までに話す内容を3点だけ決めておこう。10分間シミュレーションするだけでかなり伝わりやすくなるから」

×　「誰でもできる仕事だから」

○　「単純作業だけど、ミスしたら大変な大切な仕事だから」

×　「君には難しいかもしれないけど」

○　「初めて触れる内容もあるかもしれないけど」

もう1点、人は無意識にしていると短所に目が行きがちです。

実際、私が上司向けの研修をしている際、「5分で部下の長所をあげてください」というワーク

ネガティブワード

心配性	八方美人	細かい	未経験
優柔不断	反抗的	行き当たりばったり	気にしすぎ
マイナス思考	理屈っぽい	口下手	時間がかかる
	不満が多い	人見知り	

をすると、平均で3個くらいしか挙がってきませんが、「短所をあげてください」と言うと、10個以上あげる人も少なくありません。

ですから、意識的に長所を見るようにしたいものです。

実は短所は簡単に長所にシフトできます。

表裏一体だからです。

例をあげていきましょう。

・飽きっぽい→好奇心旺盛
・細かい→よく気がつく
・暗い→落ち着いている
・挑戦できない→慎重な

ポジティブワード

- 慎重な
- 人当たりがいい
- よく気づく
- とらわれが少ない
- 周りに合わせられる
- 表裏がない
- 臨機応変な
- 気配り上手
- リスクを鑑みている
- 論理的
- 聞き上手
- 丁寧な
- 真剣
- 相手をしっかり見る

・思いつきでものを言う→アイデア豊富
・心配性→備えがしっかりしている
・経験がない→柔軟な発想ができる
・はっきりものを言いすぎる→裏表がない

2 実際に動けるワードに変換する

日本語は言葉の性質上、曖昧なものが少なくありません。
特にあなたが上司や先輩の立場で、部下や後輩に何かを伝えようとする際、次のような言葉を使ってしまっているかもしれません。

「新規開拓を徹底しよう」
「強い意識を持って進めていこう」
「仕事の効率化を図ろう」
「無駄をどんどん削ろう」
「メール対応の時間を減らそう」
「丁寧に対応しよう」

「説得力のある言葉で話そう」

これらの言葉を伝えられて実際に行動に移すことができるでしょうか。

あるいは仮に行動に移せたとしても、指示された側の意図と合った行動ができるでしょうか。

おそらく相違が生じるでしょう。


たとえば、「無駄を削ろう」と言われて、何を削りますか。

Aさんは、カラー印刷を止めて白黒印刷に変えようとするかもしれません。

Bさんは、日報などの提出資料をやめよう、会議を減らそうと言うかもしれません。


Aさんは費用を意識し、Bさんは時間を意識しているのかもしれません。

無駄という言葉は非常に抽象的ですが、その下に多くの事象が詰まっています。

仮にコスト削減だって、手段は考えられないほどあるでしょう。


伝えた側の意図と聞いた側の意図が100％合うのは、正確に1通りの解釈で伝えないと、もしかすると宝くじに当たるくらいの厳しい確率かもしれません。

「メール対応の頻度を減らそう」と言われた場合も同様です。

相手に自由な裁量を与えることはいいことですが、人それぞれ解釈は違うものです。

人によっては1日に3回メールチェックしようと考える人もいれば、一方で、1時間に1回のメールチェックをしようと考える人もいるでしょう。

前者の人からすると後者の1時間に1回のチェックは多すぎるように感じるかもしれません。とはいっても、仮に後者の人が今まで常にメール受信がわかるようにポップアップなどの反応をさせていて、即レスしていたのならだいぶ少なくなったといえるでしょう。

この場合、どちらの人もメールの頻度を減らしたことにはなります。しかし、後者の人は、まだまだメール対応の頻度は高いといえるでしょう。

裁量の余地を作ることはいいことですが、相手に動いてほしい場合は明確に設定しましょう。

この場合でいえば、1日3回（朝9時30分まで、昼の13時まで、夕方退勤時間の18時までに3回のチェックにしよう）と伝えればいいわけです。

他にもよく出てくるのが形容詞や副詞です。

たとえば、よくあるのがカスタマーサービスセンターなどで電話が混みあっている場合の「しばらくお待ちください」というアナウンスです。

「しばらくってどのくらい待たせるんだ」とイライラした経験がある人は少なくないかと思います。

確かに「少々」と言っておいて10分以上待たされるとイライラする人もいます。

いや、3分でイライラする人もいるかもしれません。

このように解釈の違いはいくらでも生じるでしょう。

美容師さんに髪の毛のカラーを頼んだ際、「やや明るめで」と頼んだのに、仕上がった髪の色を見て「これでは明るすぎる、会社で何か言われるよ」とクレームを出す人もいるかもしれません。

このように解釈が複数以上ある、曖昧な表現は伝える時は避けるべきです。

もし正確に動いてほしいなら1通りの解釈しかできないものにしましょう。

「新規開拓を徹底しよう」→**「毎日アポメールを5件出そう」**

「強い意識を持って進めていこう」→**「進捗状況を毎朝確認し合おう」**

「仕事の効率化を図ろう」→**「打ち合わせは目的を明確にしよう」**

「無駄をどんどん削ろう」→**「基本、公共交通機関で移動しよう」**

「メール対応の時間を減らそう」→**「メールチェックは2時間に1回にしよう」**

「丁寧に」→**「誤字・脱字かないかしっかり確認して」**

「説得力のある言葉で」→**「お客様への資料には弊社の実績をしっかり明示しよう」**

ただ、人材育成のためにわざと曖昧にして自分で考えるように仕向けている場合もあるでしょう。

複数の解釈がある曖昧な言葉をやめる

意識を高めていこう	見やすいように	広めで	多めで
細心の注意を払って	なるはやで	目立つデザインで	参加者の人数分で
女性にも受けるように	さくっとラフ案を	説得力のある言葉で	丁寧に
今週中で	午後イチで	濃い目の色合いで	少々お待ちください

その場合は正解は問わないことです。

正解を問うなら解釈は1つ、実際に動けるような伝え方にしましょう。

3 条件分岐を意識する

こういった例は良くないかもしれませんが、部下が弁当を買いにいくついでに「自分のも買ってきてくれ」と頼んだとします。

しかし、上司が「幕の内弁当を買ってきて」と頼んだのに部下が「唐揚げ弁当」を買ってきたとしましょう。

上司「鳥が苦手なんだよ。幕の内弁当って言ったじゃない…」

部下「幕の内弁当売り切れてたんですよ」

上司「でも何でよりによって唐揚げ弁当にするんだよ」

この場合、責任はどちらにあるのでしょうか。

もちろん上司でしょう。

部下が第2候補、第3候補、絶対食べられないものを聞いておくべきだったという意見もありますが、お店の全メニューを把握していない限り、嫌いな弁当をあててくる可能性はなくせません。

ビジネスシーンに当てはめてみましょう。

かつて業務スタッフの方にホテルの手配を頼んだことがあります。

その時のやり取りです。

お願いしていたエリアのホテルが満室でした。

すると、「梅田が取れません。心斎橋でいいですか？」

心斎橋のホテルも空きがなく、1時間経過してから「天王寺でいいですか？」と質問されました。

外回りをしているのに、何度も何度も携帯にメッセージが入っています。

このように「言ったことと違う」と言われることを恐れる人は何度も電話してきます。

「勝手に判断する人」「何度も聞いてくる人」に対しては100%とは言えませんが、責任の多くは上司にあります。

実はこれまで出社していた頃は、小さなことでもその場で聞けました。

しかし、リモートワークの浸透により、質問を受けたり、確認をしながら仕事を進めていくことが難しくなりました。

部下や後輩からも質問しづらくなりました。

こんな時こそ「○○ならばA案で」「△△ならばB案で」と示す「条件分岐」が必要になります。

「12日までに納品してくれるならいつも通りにA社で」「今回は急ぎなので13日以降になってしまうなら価格は高いけどB社に発注して」とイレギュラーが起きた時を想定して頼むようにするのです。

あらかじめ条件分岐をしておくことでトラブルも回避できますし、気配り上手ということで相手からも信頼されるようになります。また予定の組み直しややり直しなどに振り回されることも減ります。そして何より何度も聞き返されるといったことも回避されます。時短効果にもなるし、不用なストレスの回避にもなります。

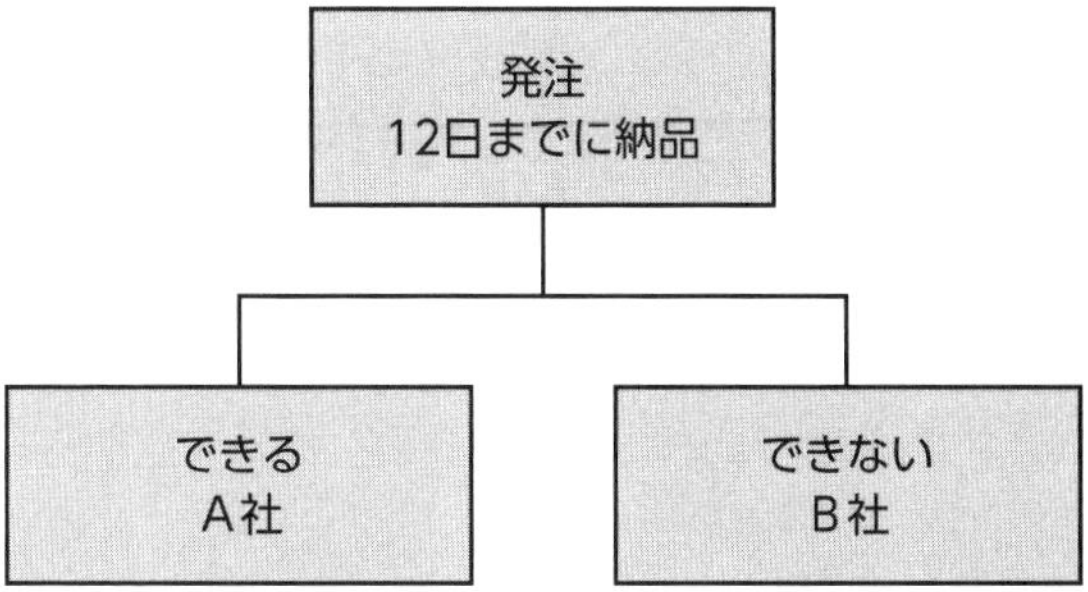

4 できるだけ固有名詞を使う

固有名詞を使うことで次の3つのメリットがあります。

1 説得しやすい

たとえば上司にインスタグラムの企業アカウントの開設を申請したい場合、「最近あるバッグメーカーがインスタ広告で売上が3倍になった」というより、「ABCデザイン（仮名）がインスタ広告で売上が3倍になった」という方が上司の心も動くでしょう。

信憑性があるからです。

2 印象が良くなる

誰しも人は名前を呼ばれたいものです。

名前を呼ばれた人は相手に好印象を抱きやすいものです。

ある成績のいい営業マンの方とお話をした際、何度も相手の名前を呼ぶことは記憶の定着にもつながると言ってましたが、まさにそうだなと思いました。

3 フックになる

私は講演で自己紹介する際や、新たに人と話す時、次のように伝えています。

「北海道から沖縄まで全国講演をしております。47都道府県のうち39か所回っています。残り8県です」

以前は「全国を講演で回っています」と伝えていました。

その頃に比べて相手の食いつきがよくなりました。

次のような質問をいただきました。

「私沖縄出身なんです。沖縄も来ましたか？」

「北海道のどこに来たんですか？」

「残り8県ってどこ？　その中に佐賀県は入ってないよね」

固有名詞には相手も食いつきやすいのです。

これは普段の社内の会話でもそうです。

今、個人情報保護法で雑談が難しいなんていう人がいますが、いくらでもこの固有名詞を使えば、食いつきは生まれます。

「その○○弁当の生姜焼き弁当美味しかったです」

「川豊のうなぎ最高でした」

「先日念願だった京都の龍安寺の石庭に行けました」

そして何より固有名詞は複数の解釈がないのでしっかり伝わります。

固有名詞を使えば間違った伝わり方も防ぐことができます。

一方で、集合名詞は使い方に注意が必要です。

ネガティブなことを伝えようとする際に、「今年の新人は」「外国人は」「営業部は」と一括りにしてしまうと偏見になってしまう可能性があります。

5 メリットばかり提示するのは危険

相手にとって得になるものがいいだろうとメリットばかり提示してしまいがちです。しかし、メリットばかりよりデメリットも交えてもらった方が安心するのが人の心情です。

仮にあなたが次の２つの営業マンのトークを聞いた場合、惹かれるのはどちらの方ですか。

1 初期費用は10万円かかるのですが、月50万円入ってきます

2 月50万円入ってきます

上司に決裁をもらいたい時やお客様に商品を購入してほしい時は、ついメリットばかりを伝えてしまいがちです。

しかし、ポジティブな点（メリット）しか伝えないのは、実はあまり良くありません。「本当に大丈夫なのかな」「何か欠陥はないのかな」と疑う人は少なくありません。

かつて私は転職活動をしていた頃にこんなことがありました。

面接は完璧でした。しかし、残念ながら最終面接で不採用でした。

給料など入社後の話もしていたし、非常に和やかな面接の状態だったのになぜだろうと疑問に思った私は、納得がいかず転職エージェントの担当の方に不採用の理由を聞いてみました。

すると意外な答えが返ってきたのです。

「吉田さんは素晴らしいなと思いました。でも1つ気になったのがマイナスの要素がなかったことです。だから今回は採用を見合わせました」とのことでした。

ポジティブな話ばかりし、「今の会社には満足しているけど、御社に魅力がある」を繰り返していたのです。

それから数年が経過して私自身が採用の面接官になりました。

すると同じような出来事が起こりました。営業職の募集をした時のことです。

Cさんという応募者が面接に来られました。

Cさんはこちらの質問に流暢に答えます。当然、非常によい印象でした。在籍している職場でも営業成績はトップクラスなうえに、職場での人間関係も良好だとのことです。ならば、「給与面などの待遇に不満なのか」と思って質問しましたが、そうではなく「新たな環境で挑戦したい」としか言いません。結局ポジティブすぎることを不安に感じ、採用をしませんでした。

自分自身もポジティブな面しか話さない人を採用しないようになったのです。

もちろん悪い情報だけでは上司も決裁してくれないでしょう。

ですから、ネガティブな情報よりポジティブな情報の方が、上回る状態にすればいいのです。ネガティブな情報を伝えることは相手の信頼を失くすのではなく、むしろ誠実と思ってもらえることが多いものです。

6 相手の心を動かす表現に換える

同じ情報でも表現の仕方によって、相手への伝わり方はまるで変わります。

ここでは信頼される伝え方、実行へのハードルを下げる伝え方の表現方法をご紹介していきます。

1 数字は状況によっては端数まで伝える

たとえば上期８００７万３２６４円の売上だった場合、１円単位まで言う必要はあまりないでしょう。

逆に桁数が多いと、伝わりにくくなります。

８００７万円と伝えた方がいいでしょう。

しかし、しっかりと実績を出して相手に納得してもらう場合には、２桁や３桁の数字の場合は、端数まで伝えた方が、本当らしく思えます。

×　２００人の人が良いと言っています。

○　**１９８人の人が良いと言っています。**

×　７割が良好というアンケートの結果です。

○　**72％の人が良好というアンケートの結果です。**

2　比較できるように伝える

×　13件の応募がありました。

○　**前回の媒体では２週間で６件の応募しかなかったのに対し、今回の媒体では１週間で13件の応募がありました。**

この場合、いきなり「13件」の応募があったと言っても、多いのか少ないのかイメージがつきません。その一方で前回「６件」なら増えていると感じてもらえます。

同様に分母と分子の2つの数字がないとわからない例として、次のようなものもあります。

× 今月の新規顧客獲得数は13件でした。

○ **今月の新規顧客獲得数は社内平均15件に対し、13件でした。**

一見、13件というと多い数字のように思えます。
しかし、平均15件なら実はあまり良くありません。

同じように、数学のテストが27点だった場合、これは一見酷いように思えます。
しかし、難問だらけで平均が18点だったら「頑張った」といえます。

数字は曖昧さをなくす世界の共通言語ではありますが、対象がないと感じ取り方としては曖昧になるので注意が必要です。

前回の数字・平均など基準になる比較対象が必要です。

3 見せ方を変える（単位を変える）

かつて高額商品を扱う方と話した時、10万円の革靴の存在を知りました。

正直「そんなの買う人いるのかな」と思いました。

しかし、商談の場などで靴を見る人は多い。

靴がきれいだと信頼されるという言葉もあるくらいです。

そして高級靴はソールを張り替えて大事に使えば、10年程履けるということを聞きました。

圧巻だったのが次のトークでした。

○　1日単位で換算すると300円、コーヒー1杯の節約で何とかなる金額です。

「10万円で最高品質のものが得られるのです」

であったらおそらく買わなかったでしょう。

7 「たとえる力」を身につける

抽象的すぎてわからなかったり、相手がそれに関する前提知識が乏しい時はたとえを使うといいでしょう。

その際、大切なことは2点です。

1 相手が知っていてイメージできるものにたとえる

「リーダーになったら投手より捕手を目指そう」

「リーダーになったらフォワードよりディフェンシブハーフの選手のような思考でいこう」

これらのたとえは、野球やサッカーをやっていた人にでしたら伝わりやすいでしょう。

逆にスポーツをしない人にはわかりにくいかもしれません。

違う例がいいでしょう。

また、例えば、

「講演家は長嶋茂雄さんのような存在にならないといけません」と伝えたとしましょう。

意図としては、

「長嶋さんは現役時代試合を休まなかったといいます。

自分にとっては１３０試合のうちの1試合は１３０分の1。

しかしお客様にとっては遠い場所から電車を乗り継いでやってくる年にたった1回しか味わえないことかもしれない。だから『常に1回1回を大切にしましょう』」と伝えることでした。

しかし、20代や30代の人だとピンとこないかもしれません。

その年代にわかるものである必要があるのです。

たとえば20代や30代の方には、その世代に近い方を例にあげます。

例をあげますと、サッカーの長谷部誠選手、吉田麻也選手、遠藤保仁選手、バレーボール元日本代表の荒木絵里香選手、人気アナウンサーで理想の上司にいつもランキングする水卜麻美さん、司会者の櫻井翔さんなどを例にあげます。

40代や50代でいえば、サッカーの岡田武史監督、野球の野村克也元監督、金本知憲選手、宮本慎也選手。芸能人でいえば明石家さんまさん、理想の上司ランキング常連の天海祐希さん、内村光良さんなどを例にあげるようにしています。

② 身近にイメージできるたとえを使う

生活圏内、行動圏内から例は探してくるようにしましょう。

「本は頭と心のビタミン剤」
→ビタミン剤は体を元気にする、本は頭と心を元気にする
「言葉は武器にも凶器にもなるし、ナイフみたいだね」
→言葉は人を元気づけるし、傷つけるものだから取扱いに注意したいですね
「小説は人間関係の参考書」
→小説を読んだ方がいい。人間関係の参考書のような存在だから
「高級店のような存在の営業マンを目指そう」
→高級店は周りのお店が安くても関係ない。価格が高くても付加価値が高く競争に巻き込まれずに

お願いされる営業マンを目指そう
身近にあるものをたとえに使うことで理解が進みます。

第5章

話を引き出す質問術

1

質問することで要望を通すことができる（質問を使うことの効果）

質問をすることには主に3つのメリットがあります。

1 一方通行の防止になる（人間関係が良好になる）

2 相手の情報を聞ける

3 要望を通すことができる

1 一方通行の防止になる

会話はどうしても一方通行になりがちです。

特に思いが強ければ強いほど、「これも話したい」「あれも話したい」とたくさん話してしまいがちです。でも一方的にこちらばかり話していると、相手も疲れて集中力が落ちてきます。

結果、だんだん話に対して興味を失ってきます。

ですから、相手を巻き込み、話してもらうためにも質問していきましょう。

人は自分が話す方が多ければ多いほど、満足することが多いようです。

現在の私の仕事であるセミナーの場でも、受講者の方々が多く話す機会、ワークを多くすると満足度が高まるのもこの表れでしょう。

こちらが聞き役になれば結果的に人間関係も良好になっていきます。

2 相手の情報を聞ける

たとえば、あなたが家電量販店の店員さんだとします。パソコンを買いに来たお客様に対して、最初に使用目的を聞くでしょう。目的に応じて伝え方を変えないと、相手は満足しないでしょう。

「インターネットだけ見られればいい」と言う人に「この機種にはAccessもついており」と言ったところで、興味を示さないでしょう。

ベストな提案をするためにも質問をしていく必要があります。

質問をして相手の情報を把握することは、自分本位にならないためにも重要です。

3 要望を通すことができる

少し乱暴な言い方になりますが、強引な形ではなくソフトに逃げ場を防ぐのも質問のメリットです。

なかなか企画案を上げてこない部下がいたとします。

この場合、次のように言ってもなかなか進展しないでしょう。

×「企画案をもっと上げてほしいな」

なぜなら何の解決にもなっていないからです。

このケースで、その部下は資料作成が苦手なだけで、その点さえ克服すれば企画案をどんどん上げてくるのではないかと、仮説を立てていたとします。

そんな時は、「もしこうだったら……」と仮定して質問をしていきます。

「お疲れ様。毎日忙しいよね。資料作成なんだけど結構時間かかっていない？　企画案が出せないのはこれが原因かな？」

部下「そうですね」

上司「仮に資料作成を外注していいとなったら、どれくらい時間が短縮できそう？」

部下「この場で正確には答えられませんが、だいぶ時間を削減できると思います」

上司「じゃあ週に2件は外注していいってことにしようか。ページ数によって多少事情は変わるかもしれないけど」

部下「ありがとうございます。助かります」

上司「代わりと言っては何だけど、週に今あげている企画を1本から2本に増やせないかな」

部下「はい。増やします」

結果、上司の「企画案を増やしてほしい」という要望は通りました。

実はこのケースでは、部下は単に企画を出すのが苦手だと思っていたのですが、上司がネックになっている部分を仮説で出して質問し、明確になりました。

このように質問を上手に使うことで、相手が抵抗なくネックに気づいてもらえるというメリットを享受できます。

たとえばもう1つ、有給休暇の申請を、ためらっている部下がいたとします。

部下「有休がまた繰り越しになってしまいますね」

上司「そうだね」

部下「課長は有休を使わないんですか?」

上司「仕事溜まっているからね。でも上層部から、取るように言われてるからな」

部下「課長が休めそうな時期っていつですか？」

上司「うーん、5月後半は少し休めるかな」

部下「じゃあ、5月後半に休んでくださいよ。5月22日の週あたりはどうですか？」

上司「そうだね」

部下「代わりに前の週に私も3日有休を頂きたいんですけどいいですか？」

この例でいえば、上司は休む宣言をした手前、休まざるを得なくなります。

部下の思う通りになりました。

2 オープンクエスチョンが常にいいとは限らない

「そんな答えを聞いているんじゃない。質問の意図をわかっているのか？」

部下の時に言われて非常に困った言葉でした。

確かに当時の自分は伝え方が上手くありませんでしたし、わかりづらい話をしていました。

しかし、それから数年後ある時に気がつきました。

自分も上司になって部下に同じ言葉を使っていたのです。


実は、求めている答えと違うものが返ってくる理由は、部下が要因の場合もありますが、上司に要因があることも少なくありません。

そうならないために上司側が心がけるといい方法があります。

それは質問と回答例を質問者である上司が先に示してしまうことです。

たとえば「テレワークになって困っていることって何だろう？」と質問を述べた後にセットで「自分でいうとつい休憩してしまう」「資料がそばにないのが困る」と回答を述べます。

そのうえで「他に何かないかな？」と聞かれたら部下も答えやすいでしょう。

質問だけだと、内容によっては範囲が広すぎるため、相手はどんな回答をしたらいいかわからないというケースがよくあります。

解答例を示せば、こちらの求めている答えとの乖離を幾分埋めることができます。

もう1点、こちらが望んだ形式ではない回答が返ってくるものとして、「最近どう？」といった形式のオープンクエスチョンがあります。

オープンクエスチョンとは、「はい」「いいえ」以外で答えられる、自由度の高い質問です。

オープンクエスチョンは相手が自由に話せる分、質問された相手が満足しやすい傾向にあります。

しかし、その一方で制約がない分、答えづらいという特徴があります。意図したことと違う回答が返ってくることも多いので、質問者側がストレスを抱えることになるケースも少なくありません。

たとえば次のようなやり取りです。

上司「最近どう？」

部下「週末は3年ぶりに温泉に行ってきました」

上司「違うよ。仕事の話を聞いているんだよ」

部下「すみません」

週明けの月曜日、ランチの帰りに会社のエレベーターの前で起きた出来事です。

部下が、プライベートの話をしてしまったのも仕方がありません。
この上司と部下の食い違いは、回答範囲が広すぎるがゆえに起こった問題です。
そこで推奨するのが、答える範囲に条件を設定する「条件付きオープンクエスチョン」です。

「A社のコンペの提案書どうですか？」
「ここ1ヵ月の御社の課題は何ですか？」

これなら答えやすいのではないでしょうか。

条件付きオープンクエスチョンを作る時は具体的に「条件の特定」「聞きたい内容」の2つを入れるといいでしょう。

1 条件を特定する

・期間を特定
・人物や関係者を特定

・テーマを特定

2 何について聞くか

・やりたいこと
・求めていること
・悩み
・目標
・クレーム
・課題

一方、クローズドクエスチョンは「はい」「いいえ」で答える質問やあらかじめ質問者が答えを二択で提示する回答範囲に制約を設ける質問です。

オープンクエスチョンに比べて回答を選択肢の中から選べばよく、考えなくていいので、答えやすいのが特徴です。知り合って間もない方や会話の導入の部分でよく使われます。

緊張している相手にいきなりオープンクエスチョンしてしまうと回答するハードルが上がってし

まいますので、ウォーミングアップのような存在です。

しかし、このクローズドクエスチョンは使い方を間違えると相手に圧迫感を与えてしまうことになります。イエスを強要しているように思われてしまうので何度も使いすぎるのは避けた方がいいでしょう。

3 相手が答えやすいウォーミングアップクエスチョン

クローズドクエスチョンで「いいね」と言わせると少し圧迫感があります。**そこで使うといいのが、疑問形で問いかけをしながら、答えではなく共感を求める質問「レトリカル・クエスチョン」です。**

例をあげます。

・例①

上司「今月、新規受注件数の調子あまり良くないよね」

部下「そうですね。ちょっと手を抜いてましたね」

上司「もう少しアプローチ数を増やしておいた方が翌月以降の受注アップにつながるでしょう」

部下「そうですね。アプローチ件数を増やします」

・例②

部下「印刷、白黒だとなんかインパクトないですよね」

上司「確かに」

部下「今回のチラシ、カラーでいいですか？」

上司「そうだね。お客様も見やすいだろうしね」

どちらも最初は共感を求めながらも質問者の要望が通っています。

頭ごなしに言われるより、このレトリカル・クエスチョンで指摘される方が、言われた側も共感がしやすいので、相手も要望を受け入れやすくなります。

もう1点、相手が答えやすいのは未来より過去です。

未来に向けての質問は前向きなものが多いので、つい質問してしまいがちです。

でもこの質問は相手との関係によっては答えが非常に難しくなります。

また考えなくてはならないので、回答に時間がかかってしまうことが多いのです。

ですから、まだ人間関係が構築できていない状態の場合や、部下が上司に対して畏縮している場合などは、未来よりも過去の質問をしましょう。

×「3年後はどんな仕事をしたい？」

○「吉竹さんは今までどんな仕事をされてきたのですか？」

後者の方が答えやすく、相手の情報も得られます。

4 Whyでもない Howでもない！ 使うのはこの疑問詞（いきなりWhyやHowを使うから視点がずれる）

前項では未来より過去について質問した方がいいと書きました。

しかしこれはあくまで相手との距離が微妙だったりして、相手が回答をするハードルが高い場合です。

やはり、過去の「なぜ」より未来に向けて「どうしたら」という質問の方が前向きになります。

×「なぜ遅れたの？」

△「どうしたら次回は納期に間に合わせられる？」

あえてここで未来に向けた質問は○ではなく△にしました。

理由は、いきなり「How（どうしたらいいと思う）」と聞かれても相手は答えづらいからです。

また前向きな気持ちになったとしても根拠のない答えになることが多いものです。ただ勢いだけで「来月は目標の120%行きます」とか根拠のない答えになってしまうこともあります。

また、Whyは相手を圧迫する傾向にあります。

以前から私は「なぜ遅れたの？」ではなく「何が要因で遅れたの？」とWhatで質問することを書籍やセミナーなどで伝えてきました。

Whyは「人」について聞かれているので、圧迫感を感じるのに対し、Whatは「モノ」や「事象」にあてた質問なので、自分と切り離して冷静に考えられるからです。

しかし最近Whyにはもう1点問題があることに気づきました。

たとえば、いきなりWhyと聞くと「新規開拓が減っているのは何が原因？」という質問に対し、「アポイントの獲得率が低いから」などと言って決め打ちしてしまいがちなのです。

Whyだと回答が1つしか出てこないのです。

ここで使いたいのがWhereです。Whereとは「一連のプロセスの中でどの部分か」「工程全体の中でどの部分か」といった意味です。該当箇所を一か所に限定せず、広い範囲で探しましょうということです。たとえば、営業で新規開拓の件数が目標よりだいぶ乖離しているとします。

この例でいえば、Whereで聞く場合は、一連の営業の流れ全体を問題対象として捉えます。よって範囲が広くなります。

具体的には次のように洗い出していきます。

・アポイントを獲る前のリスト
・アポイント獲得率
・一度目の面談時の信頼づくり
・面談時のニーズのヒアリング
・企画書の提案率
・断りに対する切り返し
・受注率

具体的には次のように質問します。

「新規開拓が減っているのは、一連のプロセスのどの部分に要因があるのかな?」

Whereを使えば、実は面談時にヒアリングが上手くできていない、企画書が上手く採用してもらえていないなど色々洗い出せるのです。


「社内業務でアポイントを獲得するための時間が取れていない（絶対数の減少）」

「アポイントの獲得率が低い（魅力的なトークスクリプトになっていない）」

「提案数が少ない（お客様との1回目の面談で上手くコミュニケーションが取れていない）」


このように事象をどんどん洗い出していけるのです。

そのうえで一番ネックになっているところを見つければいいのです。

このケースでいえば、Whyだと「提案数が少ない」という問題には気づけなかったのです。

他にも「納期に遅れる」「ミスを繰り返している」「残業が減らない」といった点も「どの部分がネックになっているのかな？」と視野を狭めないようにした質問をすることで意外な問題点に気づけることも多くあります。

広げるための質問Whereを使って盲点を作らないようにしましょう。

5 相手の壁を突き破る質問方法

Whereを使って「広げる質問」をしようとしても、相手がなかなか答えられない場合もあります。

そんな時は「もし」と仮定した質問をするといいです。

この「もし」という前提を立てたうえで話をする話法を「Ｉｆ話法」といいます。

いったん相手をその状況に導いていけるので、ユニークな回答が望めます。

また回答のハードルを下げることができます。

具体的には次の４つの方法があります。

1 立場を変える

上司から部下に対してよく使います。

ここでは視点を上に上げていく方法と横にずらす方法があります。


「○○さんが課長の立場だったら」

「○○さんが社長の立場だったら」

「○○さんがお客様の立場だったら」


この方法は部下から上司に対しても使うことができ、評価のアップにつながることもあります。


「もし課長が今の私の3年目の立場だったら、どんな本を読みますか」

このように聞くことで課長の思考をインストールできるし、何より好感を持ってもらえます。

2 時制を変える

この場合は主に未来の話になります。

「1年後マネジャーへの昇格を目指すとしたら何が必要かな？」

「3年後人事部へ異動できるとしたら、どんなスキルを今身につける必要があるかな？」

未来の自分になりきってもらい、それになるには何が必要かを考えてもらう質問です。

3 制限（条件）を解除する

「仮に予算に制限がないとしたら、どんなシステムを導入したい？」

「仮に権限が無制限にあったとしたら、廃止したい社内規定ってある？」

「もししがらみがないとしたら、どんな広告代理店に頼みたい？」


条件を解除することによって、視点が広がります。

思いもよらないアイデアが出てくるケースも少なくありません。

4 ハードルを下げる

「何を言っても怒らないので、会社の規定で変えたいことってある？」

「間違っていてもいいから、意見を言ってもらえるかな」

「言える範囲で構いませんので、今何件見積もり出ていますか？」

意見が出てこないのは相手が圧迫感を感じているからかもしれません。

3番目の例は、営業で競合他社に質問するケースです。

この言い方なら相手が「そんなの言えないですよ」と言ってきても「そうですよね。失礼しました」と切り返しやすいです。

また、「Ｉｆ」は無理難題を飲んでもらう時のキラーワードとしても使うことができます。

「もし」という仮定ワードは、現状とかけ離れたことが前提になっていますので、相手も主張を受け入れる態度をとってくれます。

例①

部下　「もし3ヵ月連続で目標を達成したら給料をアップしていただけますか？」

社長　「目標達成するのは当たり前だし。3ヵ月くらいならできるでしょ」

部下「では、6ヵ月ならどうでしょうか」

社長「6ヵ月だったらいいよ」

例②

部下「A社は大口顧客になる可能性が高いので、初回特別に30％値引きをしてもいいですか？」

上司「さすがに、30％は厳しいな」

部下「じゃあ、20％でいかがですか？」

上司「そっか。20％なら仕方ないか…」

これらのように最初にハードルを上げて、ダメなら下げるという交渉もできます。

これは「競合は価格が安いから」「向こうはＰＲ費をたくさん使ってくるから」といった「何でもできない」が口ぐせの上司にも使えます。

具体的には次のようにするといいでしょう

・「競合は価格が安いから」という場合

部下　「競合Ｃ社に対抗するのに価格を見直しできませんかね」

上司　「いや、Ｃ社の今回の価格には太刀打ちできないな」

部下　「何とか品質を落とさずに対抗できないかと原価を見直しました。デザイン会社をかえられないでしょうか。Ｅデザインなら現状お願いしている会社より20％安くお願いできます。Ｅデザインに変更してもいいでしょうか」

「Eデザインって創業してから年月浅いけど、大丈夫？　今のデザイン会社でずっと問題なくやっているし、かえる必要はないんじゃないの（資料を見ながら）」

「わかりました。では私の担当分のうちの3件だけ、Eデザインにお願いしてもいいですか？　それで1ヵ月経過して問題なかったら他の案件もかえたいと思いますが、いかがですか」

「いいよ。確かにEデザインの価格は魅力的だよな……」

・「向こうはPR費をたんまり使ってくるから」という場合

「ネット広告に20万円だけあててみませんか？」

上司「20万円じゃ競合より全然少ないよ。やっても無駄だよ。それに決裁通らないよ、きっと」

部下「では10万円でいいので、3ヵ月限定でやってみませんか?」

上司「うーん。効果あるかな」

部下「10万円の他に無料でできるＰＲも何か考えます。それで3ヵ月後に結果が出たら、増額のお願いを社長に一緒にしませんか」

上司「わかったよ。やってみるか」

6 愚痴には抽象度を上げる質問で対応する

ネガティブな話、愚痴や文句が出てきた場合、ついそのまま話に乗ってしまうことがあるかもしれません。

しかしネガティブな話は時に自分に被害を及ぼすこともあるし、話していてあまり気持ちの良いものではありません。

そんな時にお勧めなのが抽象度を上げる質問をしていくことです。

ここでは3つの例を使ってお伝えしていきます。

1 相手の興味を探る

A「野球はあまり好きではないんです」

B「スポーツは何が好きですか？」

A「スポーツはやるのも見るのも苦手です」
B「普段、YouTubeやテレビで見るのは何ですか？」
A「経済ニュースを見たりしますね」

野球の話題になり、相手からネガティブな反応がありました。

こんな時、「ではサッカーはいかがですか？」と横展開で聞いてしまいがちです。

この場合、相手が好きという確率は低くなってしまうので、抽象度を上げていくのがいいでしょう。


この例では「野球→スポーツ→動画」と抽象度を上げています。

おそらく横展開では相手の肯定的な話にたどり着かなかったでしょう。

抽象度を上げれば対象が広がるので相手との会話のフックになります。

2 ネガティブな意見に対応する

次に相手がネガティブなことを言ってきた場合です。

A「安田さんって苦手なんですよね」

B「そうでしたか。Aさんが営業部の中で話しやすい人ってどなたですか？」
A「村岡さんみたいなあまり気分にムラがない人がいいですね」
B「そうですか。会社全体で言うとどんなタイプの人が仕事がしやすいですか？」

このように誰かの悪口を言われた時、「私も苦手です」とか「あの人気難しいですよね」などと言ってしまうと、一緒に悪口を言っていると受けとめられかねません。

この場合も抽象度を上げていくといいでしょう。

例では「安田さん→営業部→会社全体」と抽象度を上げながらポジティブな質問に置き換えていっています。

これが横展開で「山村さんはどうですか？」なんて言ってしまうと「山村さんは話しやすくていいです」と言ってしまっても後味が悪いものです。

3 問題解決に適している

問題解決をする場合も横展開だと場当たり的な解決になりやすいです。抽象度を上げるといいでしょう。

先ほどお話ししたWhyよりWhereという点と共通しています。

部下　「日報って時間の無駄ですよ。なくせませんかね…」

上司　「無駄に思うんだね。仕事全体を通して考えてみようか。減らせそうなものって何かあるかな?」（抽象度を上げる）

部下　「メールチェックの回数ですかね」

上司　「メールチェックにどれくらい時間使ってるのかな?」（具体度を上げる）

部下　「時間は計っていませんが、1時間に2回くらい、あと着信のポップアップが出るとすぐ見てしまいます」

「他には仕事全体を見て無駄に思っていることは？」（抽象度を上げる）

「調べ物が多いですかね」

「そうか。ではまずはメールチェックの回数と調べ物の時間を減らす、どちらからやってみる？」

「メールチェックの回数を減らします」

「日報の削減」という問題に対して、ここで「減らしたいと思った理由は？」と聞いていくと色々理由は出てくるかと思います。

もちろん日報が無駄なら将来的に手をつけなくてはなりません。

しかし、そもそもの問題はタイムマネジメントです。

ですから「日報」から「仕事全体」に抽象度を上げていきました。

そうすることでこの例では「メールチェック」という1つの問題にたどり着きました。さらにメールチェックの回答の後、また抽象度を上げて仕事全体の話に戻しています。

結果的には二者択一の質問で自ら改善行動を選んでもらうという状態まで導いています。

仮にここで抽象度を上げなかったら日報に対する文句に発展していたかもしれません。

あるいは場当たり的な解決をしていたかもしれません。

このように抽象度を上げることは視野を広げるので、相手の文句をそらし、かつ別の問題の発見につなげることもできるのです。

第6章

相手の心を動かす伝え方

1 自分のメリットより相手のメリットを優先する

たとえば、次の2つの説明、どちらの方が聞きたいと思いますか？

「このソフトを使うと3時間かかっていた作業が10分で済む」

「このソフトを作るのに3ヵ月毎晩遅くまで頑張りました」

確かに開発秘話に共感する人もいるでしょう。

しかし、それよりもまずは自分にとってメリットがあるかが大事でしょう。

仮に開発秘話に共感してもメリットを感じなければ、お金や時間をかけてまでサービスを導入しないケースが多いでしょう。

つい人は自分主導になってしまいがちです。

しかし「的を射ている」と思わないと相手も話を聞こうと思わないでしょう。

相手に話を聞いてもらいたい、動いてもらいたいと思う時は相手目線で伝えていきましょう。

次の2点を意識していきましょう。

- **自分の提案を受け入れると「プラス」が得られる**
- **自分の提案を受け入れると「マイナス」を埋められる（損失を回避できる、苦手を平均に克服できる）**

一方で、自分から見ると非常に「快」を得られるけど、相手から見たらそうでもないものもあります。

たとえば「砂浜がきれいで、日本の海岸百景にも選ばれるビーチまで3分の魅力的なホテルです」と案内した場合、多くの人が魅力的に感じるでしょう。

しかし中には海が好きではない人もいるでしょう。

たとえば私はうなぎや焼き肉が好きでつい人を誘ってしまうのですが、中にはこれらが苦手な人もいます。

自分がいいと思っているから相手もいいとは限りません。

ビジネスにおいても同様です。

リモートワークを導入した際に、「効率的に時間を使える」と喜んだ人もいれば、「人とのコミュニケーションが減る」と感じた人もいるでしょう。

人それぞれ好みも重要視するポイントも違います。

たとえばかつて私は飛び込み営業やテレアポで新規顧客開拓をするのが非常に好きでした。1から作り上げていくことにやりがいを感じていたからです。一方でそういった仕事を嫌いな人もいます。

社内でじっくりデータ分析する方が好きだという人もいます。

人それぞれ好き嫌い、強み、得意分野が違うから世の中が成り立っているとも言えるでしょう。

2 会社・上司視点の理由・メリットでなく、本人視点での理由・メリットを伝える

このように人それぞれ考え方は違います。

ですから、同じ言葉を伝えた際に、Aさんはモチベーションが上がり、Bさんはモチベーションが下がる場合があります。

部下に仕事をお願いする際、Why（なぜその仕事をお願いするのか）を伝えると、成果物の状態が大きく変わることがあります。

実はこのWhyが少し前では省略されていることが多かったのです。

部下から上司に仕事をお願いしたり、自分では進められない案の決裁をお願いしたりする場合、「なぜやる必要があるのか」、いわゆるWhyは必ず求められていました。

一方で上司から部下の場合はWhyがなくても、部下がやらざるを得ませんでした。

その際、決まった形の成果物にならない時ほど、成果に偏りが出ていました。

理由がなく「いいからやれ」だとやらされ仕事のように感じ、「必要最低限だけやっておけばいいや」という状態になっていたのです。

しかし、変化のスピードが激しく、新しい仕事が増えた今、よりWhy（その仕事をやる理由・やる必要が出てきた背景）を伝える必要が出てきました。

私がセミナーやコンサルティングなどで、リーダーの方と話すとWhyを伝えているというケースも増えてきました。

たとえばある会社の企画部でリーダーは「今、競合が新しいアイデアを出して成功している。会社としても新企画が必要です」とミーティングで伝えました。

しかし、上がってきた企画の本数は先月の9件に対し、今月は7件でした。何と減っていたのです。

仕事をお願いする理由は２方向から考える

組織・上司視点

- 経営会議で使うから
- チームの目標を達成できるから
- Ａさんの分をカバーするため

部下視点

- ○○業界と言えばＢさんかなと思って
- この仕事を成功させれば、昇格の材料にできるから
- 将来人事部に行った時のために

リーダーの目論見は外れたどころか、「都合のいい時ばかり」と部下はやらされ感を持ってしまったようです。

要因としては「上司・会社の視点」ばかりで「部下がやりたいと思う理由」ではなかったからでした。さらに、耳に入ってきたのは「仕事が多く優秀な部下からのクレーム」でした。

「なぜ自分ばかりに仕事を頼むのか」

以前、「仕事ができる人には多く仕事が集まるのは仕方ない」と言っている人がいました。

しかし、これはお願いしている側のエゴです。

そもそもお願いされている人はそれで待遇がよ

部下がやる気になる任せ方のポイント

評価優先型	評価に直結する業務と伝える
リスク回避型	リスクが小さいことを証明する サポート体制を強調
チャレンジ型	簡単な仕事ではないと伝える 将来を左右する仕事と伝える
自由志向型	自分でできる裁量を大きくする

くなったのでしょうか。

あるいはこんな問題も耳にします。

「仕事ができる人がキャパオーバーになり、ミスが増えて評価が下がった」

これでは、本末転倒です。

人はロボットではありません。

そこで、私が推奨しているのは「なぜその人にお願いしたいのか」、本人の視点での理由をしっかり伝えることです。

さらには部下のタイプごとに伝え方の例をあげ

ていきます。

この場合、部下が仕事において何を重視しているかを把握しておくといいでしょう。

ここではよくある4種類のタイプを説明していきます。

1 評価優先型

昇進・昇給など、自分自身の評価が上がっていくことを重視するタイプです。

評価に関係するとわかった時点でやる気が上がります。

2 リスク回避型

減点を避けたいと思っている部下です。

安定を求め、リスクを避けようとするタイプです。

3 チャレンジ型

昇進や昇給より「前人未踏」「業界初」「難関」といった言葉にやる気を求めるタイプです。

このようなタイプの部下に、「リスクはないから」と伝えるのは逆効果です。

4 自由志向型

他人から指図されたり、束縛を嫌うタイプです。

自分でできる裁量が大きいかどうかでやる気が変わります。

3 相手のことを把握しておく（相手をマーケティングしておく）

前項では部下を上手に動かすために、部下の動きの源を知りましょうと書きました。これは部下から上司に対しても同様です。

ここで質問です。

上司の特徴を、どれだけ知っていますか？

実はあまりよくわからないという人がほとんどです。

同じ上司にいつも同じダメ出しをくらっている人もいるかもしれません。

一方でごく一部、上司のことをしっかり把握している人がいます。

だからといって、上司の食べ物や趣味などをリサーチして忖度しろと言っているわけではありりません。

忖度が嫌いな上司もいるでしょうから、逆効果になります。

ただのおべっかは意味がありません。

ではどこをゴールにすればいいのでしょうか。

ひと言で言えば、「上司が仕事をするのに最適な環境を提供する」ことです。

1 上司が仕事において何を重視しているか

たとえば上司と話している際に、「コスト」「成果」「時間」「コミュニケーション」「お客様」の5つの中によく出てくるワードがあれば上司は強く意識しています。

何かを提案する時、そこが強く解決すると伝えればいいわけです。

- **コスト重視→「1ヵ月あたり5万円ランニングコストが下がります」**
- **成果重視→「20万円の投資が必要ですが、40万円得られます」**
- **時間重視→「朝礼を週5回から3回に減らすことで、営業にかける時間が増えます」**

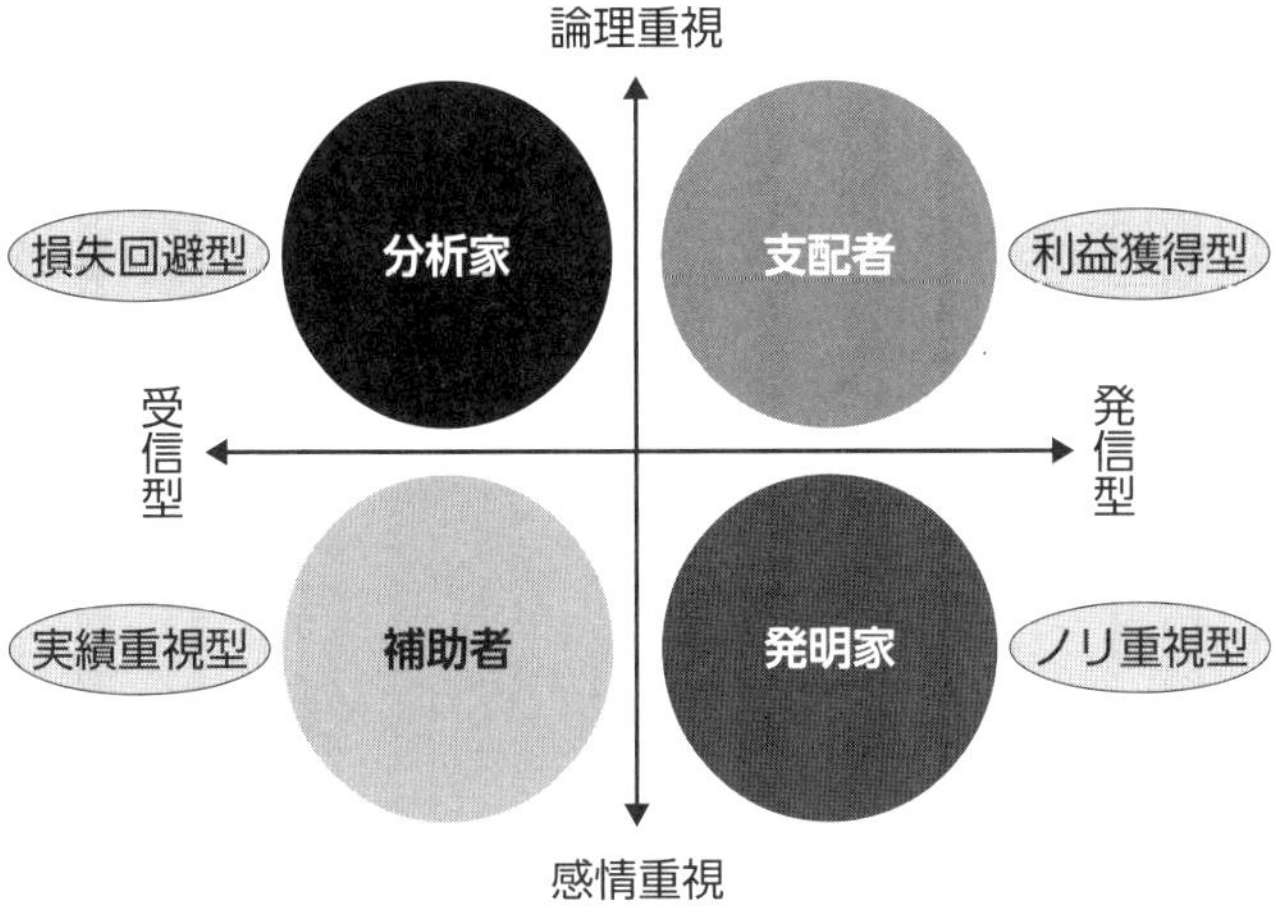

- コミュニケーション重視→「月に1回、業務部と合同でランチ会をしましょう」
- お客様重視→「C社の部長が代替商品の準備を強く望んでいます」

2 相手好みの説明、プレゼン、キラーワードを使うこと

ここで関連して知っておくといい4つのタイプに分けて特徴をお伝えしていきます。

基準としましては縦軸を論理重視か感情重視としています。

論理重視の人は「仕事において大事なのはロジカルさ」と思っています。

一方の縦軸下側の感情を重視するタイプの人は「人間関係」を重視しています。

「仕事において大事なのは人間関係」と考えます。

究極の論理重視の人は人間関係を後回しにし、究極の感情重視の人はある人が悩んでいたりすると仕事そっちのけで相談に乗る場合もあります。


次に横軸の基準について触れていきます。

横軸は発信型と受信型に分かれます。

発信重視の人には次の３つの特徴があります。

❶聞くより話す割合が多い傾向にある
❷新しく何かをするのが好き
❸仕切るのが好き

逆に受信型の人は次の３つの特徴があります。

❶話すより聞く割合が多い傾向にある

❷ 新しいことをして失敗するリスクは避けたい。ルーティンワークのような仕事が得意

❸ 指示を受けて仕事をする方がいい。マニュアルなど規則に沿って仕事を進めたい

それでは縦軸と横軸を組み合わせた4つのタイプの方の特徴とどのような言葉を伝えると行動に移してくれるかを解説していきます。

1 支配者タイプ：論理重視×発信型（利益獲得型）

損得を考えて行動するタイプです。

無駄なことを嫌う傾向にあり、最短の時間で最大の成果を出すことを強く意識している。自分にも他人にも厳しいところがある。

このタイプの人は最終的に自分で決めたいタイプ。

数字でしっかり得になることを示しましょう。

また、このタイプの上司にはどんどん頼るのがいいです。

部下がこのタイプなら、あまり褒める必要はないでしょう。

失敗した場合は「○○さんらしくない」と普段から信頼していることを示せば、「せっかく信頼されていたのに申し訳ない」と頑張るタイプです。

② 分析家タイプ　論理重視×受信型（損失回避型）

論理的に考えることが得意で、常にリスクがないかを鑑みているタイプです。

数字やデータなどを分析するのが得意な半面、判断するのにできるだけ多くのデータを検証するため時間がかかってしまうことがあります。

支配者タイプが簡潔さを好みA４で一枚の提案書を作成するとすると、このタイプの人は何十枚もの提案書を作成することがあります。

「何かあった時のために提案書に全部入れておかないと」と考えるタイプです。

このタイプの人を動かすには「いかにリスクが小さいか」を伝えることです。

このタイプの部下への褒め言葉は「深い分析力」「データが秀逸」といった仕事そのものに言及するのが良いでしょう。

時にこのタイプは慎重になりすぎて前に進めない、資料作成に時間をかけすぎてしまう場合があります。

3 補助者タイプ　感情重視×受信型（実績重視型）

穏やかで接しやすいタイプです。

笑顔など表情も豊かだし、気配りも上手です。

ただし周囲の人間関係を気にしすぎて前に進めないこともあります。

新しいことを創造したり、自分から能動的に動くのは苦手です。

主役になるより脇役になって周囲を支えたいタイプです。

この人は周りに喜んでもらいたいと常に思っているので、「後工程の人がラクになる」「このシステムを導入すればそれぞれの業務に集中できる」といった費用などのコスト面より、時間節約などの便益を重視する傾向にあります。

「皆が喜ぶ」などの言葉に弱いです。

また、新しいことにはリスクを感じる面もあり、実績を気にする傾向があります。

我慢強い点および進んで裏方役をやってくれるので、つい雑用を押しつけてしまう場合もあります。

4 発明家タイプ　感情重視×発信型（ノリ重視型）

皆を巻き込みながら新しいことへ挑戦していくタイプです。

創造性が豊かであり、感覚で物事を考えるタイプです。

どんどんアイデアが出てくるせいか話が飛ぶことがあります。

また感覚で話すために「ガンガン」「パーッと」といった擬態語をよく使う傾向があります。

一方でアイデアを考えるのは得意ですが、計画に落としたりするのが苦手です。

4 「論理」「感情」「人間関係」の3つのバランスをとる

アリストテレスは著書『弁論術』の中で、言論を通してわれわれの手で得られる説得には3つの条件があると言っています。

1 話し手の人柄（＝エトス）
2 聞き手の気分（＝パトス）
3 内容の正しさ（＝ロゴス）

「話し手の人柄」「聞き手の気分」「内容の正しさ」は弁論術においてそれぞれ「エトス」「パトス」「ロゴス」と呼ばれています。

人は同じ内容の話でも誰が言ったかによって、受け入れようか否定しようか変わってくるのではないでしょうか。

「同じ内容なのにあの人の意見ばかり通るのはなぜだろう」

「自分がミスしたら怒られたのに、彼が同じことをミスしても怒られないのはなぜか？」

「彼の頼みは1日でやってくれたのに、なんで自分の依頼は4日もかかるの？」

「同じミスをしてAさんはこっぴどく怒られたのに、彼は何のお咎めもなかった」

多少実績の差など他の要素が加味されている場合もありますが、たいていはその本人に好感を持っているか、あるいは信頼しているかがポイントになってくるのではないでしょうか。

まさに話し手の人柄（エトス）に左右されますね。

また、人はこんな人に共感します。

1 ブレない（平常心を乱さない）

人が信頼を失くすのは非常事態の時です。

たとえばクレームの報告をした時、上司の器が見えるといいます。

ここで取り乱したり逃げたりする人は信頼を失います。

とにかく何かが起きても人前で心を乱している様子を見せないことが重要です。

2 人によって態度を変えない（平等性）

立場の強い人には低姿勢で、自分より下の立場の人には強気でいるような忖度タイプの人は、いざという時に協力してもらえません。

どんな人とも平等に接する、これは非常に重要なことです。

3 反応する（無視しない）

ほほ笑まれたらほほ笑み返す。

メールが来たら返信する。

この当たり前のことをしているか、していないかが実は大きな差になります。

なぜなら、人は承認欲求を強く持っており、これが満たされないと不満足になるからです。

説得の３つの条件

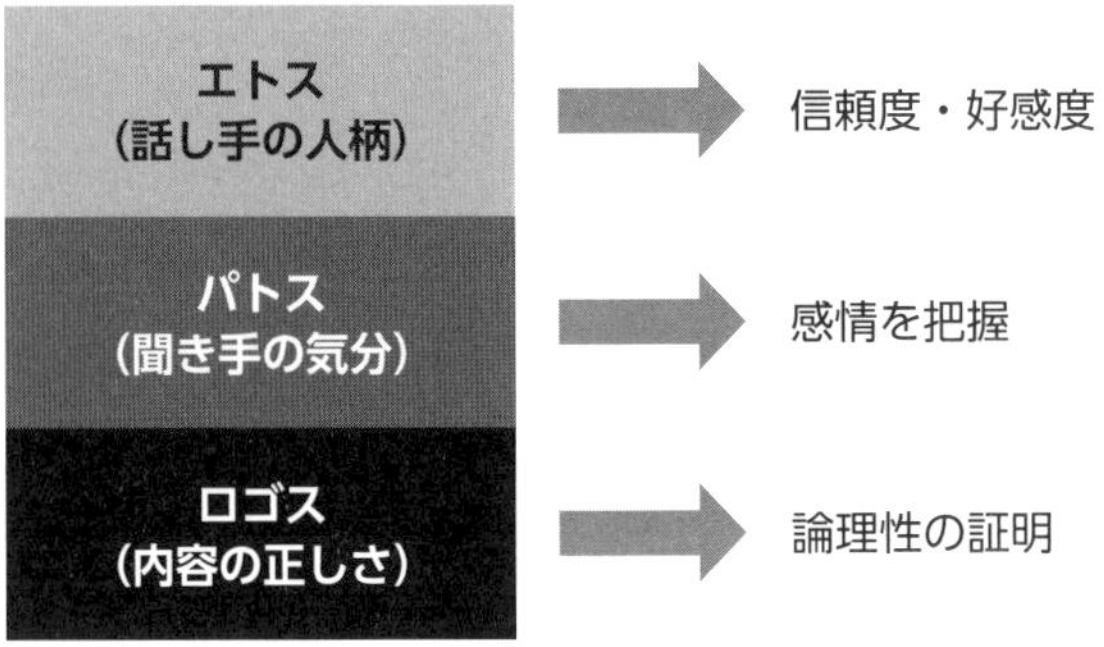

どんなに正論であっても、人は嫌いな人の言うことには耳を傾けないものです。

エトスは難しいことに日々の蓄積が求められますが、継続していきましょう。

２つ目は説得される側の聞き手の気分（パトス）です。

説得対象の聞き手、いわゆる上司のマーケティングが必要ということです。

決裁が通りやすい時間帯・忙しく決裁が通りにくい時間帯があります。

同じ内容なのに相談する曜日・時間帯などで上司がＯＫしてくれる場合もあればＮＧになる場合もあります。

「機嫌の良い日だったら提案も通るのに、月曜日の午前中は一蹴されることが多い」というように。

相手を観察すれば、色々見えてくるものがあるものです。

聞き手、いわゆる上司のマーケティングが必要ということです。

ロゴス（論理）に関してはここまでお話ししてきましたように、大切です。

論理が矛盾している話には人は従おうとしないでしょう。

そして、ロゴス（論理）は、土台にエトス（話し手の人柄）、次にパトス（聞き手の気分）があってこそ活きてきます。

5 「利益」よりも「損失回避」にフォーカスする

なかなか動いてくれない相手に対しては、利益よりも「動かないと損失をこうむるかもしれないという恐怖感」にフォーカスした方がいいでしょう。

1 損失回避（恐怖）で動かす

イノベーター理論といって、新たな製品（商品・サービス）などの市場における普及率を示すマーケティング理論があります。

1962年にスタンフォード大学の社会学者　エベレット・M・ロジャース教授によって提唱されました。

新たなテクノロジーに基づく製品が市場に受け入れられていくプロセスを、製品ライフサイクルの進行に伴って顧客層がどのように変遷するかという観点から捉えたものです。

イノベーター、アーリー・アダプター、アーリー・マジョリティー、レイト・マジョリティー、ラガードの5つの層に分かれます。

ラガードと言って、イノベーター理論における5つのグループの1つがあります。

最も保守的・伝統的な層であるラガードの場合、世の中の動きに関心が薄く、流行が一般化してからそれを採用することが多いものです。

中には不採用を貫く者もいます。

市場全体の16・0％を構成しています。

少し前で言えばスマホを持たずに「ガラ携」を使っていた人がここに入ります。

このような人たちには、「バージョンアップしないと壊れる可能性があり、保証できない」という言い方が効くでしょう。

他には先に書いた補助者タイプの人のように周囲に迷惑がかかるのが嫌だと考える人には、「○○しないと周囲に迷惑がかかってしまう」という言い方がいいでしょう。

イノベーター理論５つのタイプ

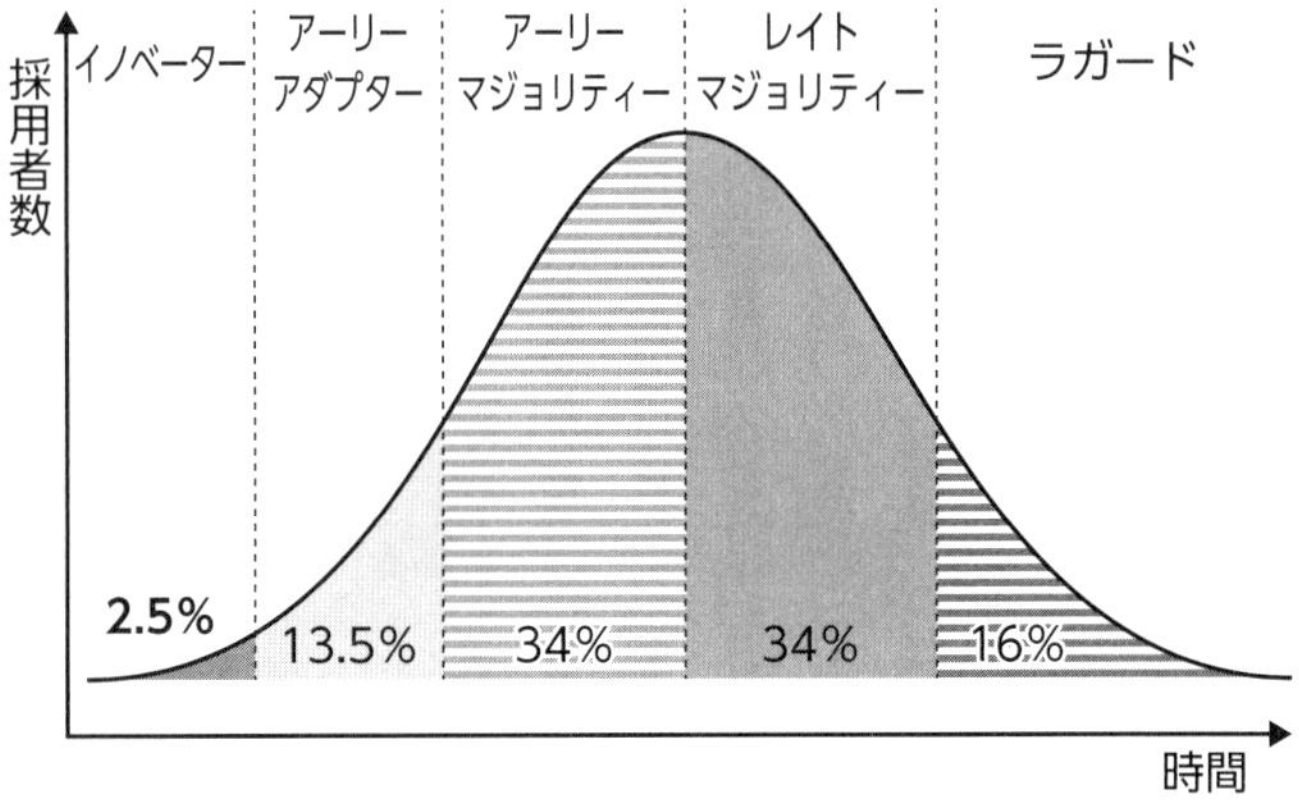

例をあげます。

（部下に）「これが遅れると、他部署の人を待たせることになってしまい、迷惑がかかること」

（発注先に）「期限に遅れると、今月配送が難しくなってしまいます」

こういう伝え方を意識してみましょう。

6 選択権は相手に持ってもらう

人は説得されるより、自分で決めたいものです。

ですから誰かを動かす時は、相手が決めるようにしたいものです。

まず1つ目は第5章の仮定法の質問のところで書きましたが、宣言させてしまうことです。

人は宣言したことと行動が不一致になるのを嫌います。

毎朝７時にツイッターの投稿をすると言ったら続けざるをえなくなります。

2つ目は二者択一・三者択一の質問を使うことです。

これらの質問のいいところはＹｅｓとＮｏがない点です。

たとえば、誰かをデートに誘いたい場合、「イタリアンと和食のどちらがいい？」と聞くと相手はイタリアンか和食しか選択肢がなくなり、Ｎｏという選択肢はなくなり、断りづらくなります。

なお二者択一以上に強いのが三者択一です。

「選ばされた感」がより軽減されるのに加えて、３つの中の真ん中を選びやすくなるからです。

レストランにいって、「松・竹・梅」という３つのメニューがあって、松８０００円、竹５０００円、梅４０００円の場合、竹を選んでしまう心理状態と同じです。

真ん中に一番選んでほしい条件を入れておきましょう。

コロンビア大学のシーナ・アイエンガー教授が行った「ジャムの研究」という実験があります。

彼女は高級食品店の試食コーナーで、24種類のジャムを並べた時と、６種類のジャムを並べた場合の売上を比較しました。

すると予想に反して、６種類と品揃えの少ない方が、10倍超の割合で売上が多かったそうです。ここで実証されたのは、商品の種類をやたらと多く並べるよりも、絞り込みを行った方がいいということです。

確かに品揃えが多い方がいいように見えますが、多ければ多いほど迷ってしまうというのもあるのでしょう。

相手を動かしたい場合、選択肢が多ければ3点くらいまでに絞った方が良いでしょう。

ですから、成績不振の部下に「新規開拓しよう。どんな方法でもいいから」ではダメなのです。

そもそもやるように言わないと動かない相手は何かを選ぶのも苦手です。

実は「自由にやっていいよ」という言葉は、自分で考えて動くのが好きなタイプ以外の人は、より相手を動きにくくしてしまうのです。

ですから、「毎日10件テレアポするか、毎日15件のメールアポをするか、週1回部長同行で展示会を探していくか。どれがやりやすい？」と聞けばいいのです。

私だったら一番プレッシャーの少ない「毎日15件のメールアポ」を選ぶでしょう。

実は「自由にやっていいよ」は喜ぶ人もいる反面、困ってしまう人も多くいるものです。

だからといって1つの指示で「毎日10件テレアポをしよう」と言われるとやらされ感を持ってしまうでしょう。

こちらから複数の選択肢を準備し、提供するようにしましょう。

7　相手を配慮しながら自分の要望を伝えるDESC法

「アサーション」という、アメリカで生まれた「自分も相手も大切にする」コミュニケーションの手法があります。

断りたいけど、上手く言えそうもないことを伝えようとする時や、自分の気持ちや考えを明確にしてから話す必要がある時などに役立つスキルです。

このアサーションを活用した方法として、「DESC法」があります。

D＝Describe　現在置かれている状況を客観的に「描写」する

E＝Explain　状況に対する自分または相手の気持ちを主観的に「説明」する

S＝Specify　相手に望む解決策を「提案」する

C＝Choose　相手から同意された時と、同意されなかった時、それぞれの場合にどう答えるか

伝え上手な人が使っているDESC法

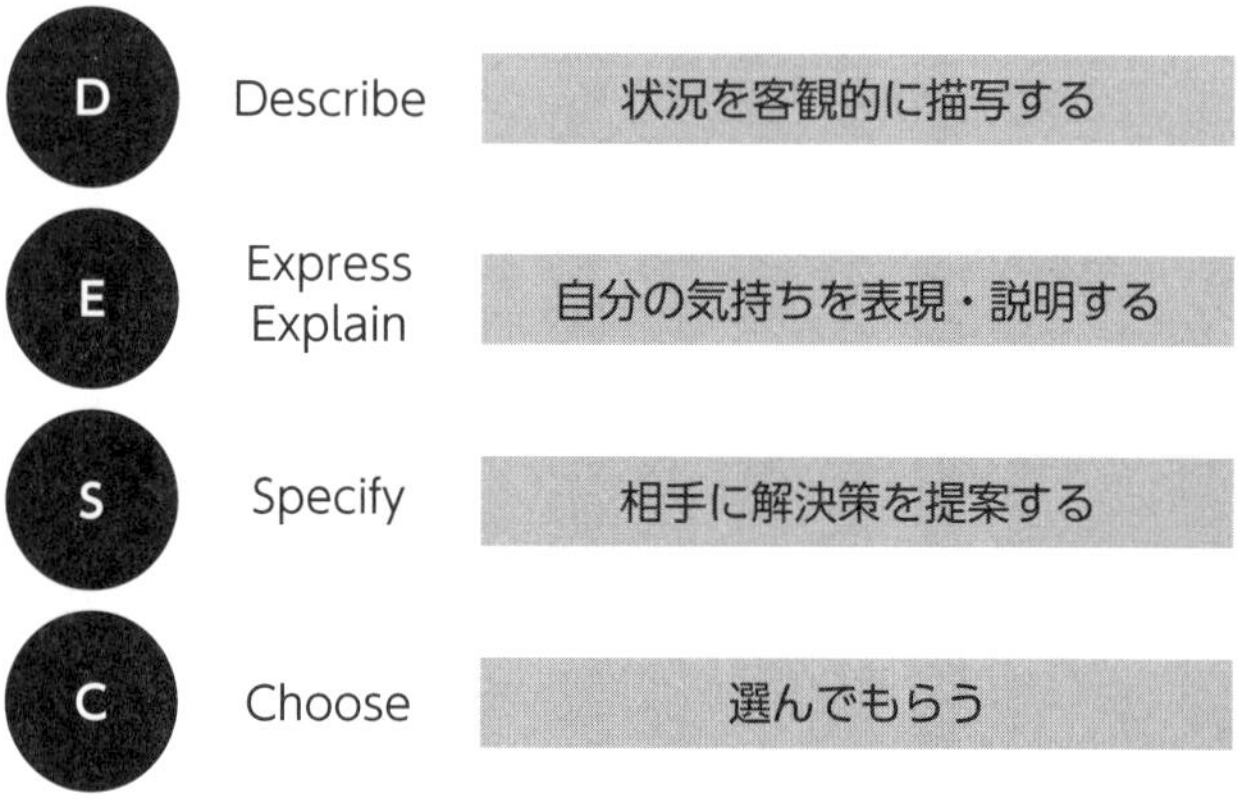

「選択肢」を考えておく

たとえば、Ｆさんが多くの仕事を抱えていて、Ｇさんからの仕事を断る場合は、「ＤＥＳＣ法」で次のように対応します。

Ｄ　今は、○○社のプロジェクトメンバーになっていて時間を取られています。

Ｅ　４月末までは時間がかかりますので、それ以降でしたらお手伝いできます。

Ｓ　５月以降のプロジェクトでしたら私がメンバーになれますが、今月は他の方にお願いしたいと思います。

Ｃ　（Ｇさんから「いいよ」と言われた場合）ではよろしくお願いいたします。

（Gさんから「いやダメだ」と言われた場合）ではリーダーに相談してみます。

ＤＥＳＣ法では、いきなり相手に意見を言うのではなく、最初にＤを使うことによって、現状がこうですと客観的前提を確認し合うので、独りよがりに思われずにすみ、相手が主張を受け入れる準備態勢ができます。

また、Ｓの提案を相手の状況を鑑みて準備しておけるので、相手に嫌われることもないでしょう。

さらには大きくＹｅｓとＮｏの結果を予測し、両方に対する自分の対応を決めておけるので、相手が断ってきた時に焦らずに対応することができます。

この言い方でしたら断るのが苦手な方にもいいのではないでしょうか。

今度は自分の案を通したい場合を例にしてＤＥＳＣ法で表現してみましょう。

Ｄ　現在、チームとして目標に対して未達です。

Ｅ　今月新規開拓件数も少ないので、先行きを不安に感じています。

Ｓ　来月から、新規強化月間にして毎日10件のテレアポをしませんか？

C（他のメンバーから「いいよ」と言われた場合）では頑張りましょう。

（他のメンバーから「時間がない」等の意見が出た場合）では毎日アポメール15件をしませんか。

この場合、テレアポ10件というのは断られる前提です。

最初から低い目標を言ってしまうと、低い状態に落ち着いてしまいます。

ただ、アポメール15件も断られるかもしれません。

しかし、断った相手というのは多少の罪悪感を持つようです。

『人に頼む技術』（ハイディ・グラント著　徳間書店）によると、「一度「ノー」と言った人に別の機会に頼み事をした時、助けてくれる確率は低くなるのではなく、高くなるのです」（P44）と書かれています。

最初のリクエストを断った人が、二度目は応じる可能性は上がるそうです。

それなのに世の風潮は、一度断られたらダメだろうと思ってしまいがちです。

ですからわざと「最初は断られてもいいから」と高めの要求をしておくのです。

なお、同書によると、「謝りながら頼み事をすると、その人とは同じチームに所属していないような感覚が生じます。持ちつ持たれつの助け合いをしている人間なら、助けてもらう時に謝る必要はないからです。謝ると、同じグループにいるというアイデンティティが希薄になり、お互いの間に距離が生まれ、一体感が損なわれます」（P１３３〜１３４）と書かれています。

ですから、謝りながらのお願いはしない方がいいのです。

「ECRS」という、業務を効率化する改善策を考えるためのフレームワークがあります。

「Eliminate（取り除く）」

「Combine（統合する）」

「Rearrange（取り替える）」

「Simplify（簡素化する）」

の４つの切り口から改善アイデアを考えるフレームワークです。


４つの切り口の中で最初に考えなければならないのは、業務そのものを削除するＥ（やらなくてもよくする）で、これが最も改善効果が高く、続いてＣ、Ｒ、Ｓという順になります。

「聖域」だと思って当たり前にやっていることについて、「なぜこの業務が必要なのか？」と問い

ECRSで会議の時間を削減

- **E**　会議を廃止する
- **C**　２つある会議を１つにまとめる
- **R**　会議の時間を朝から夕方に変更する
- **S**　議論の決定だけをする。15分で終了

かけてみると、省ける業務や、簡素化できる業務が案外あふれていることに気がつくことができるメリットがあります。

実はこのＥＣＲＳのように第2候補、第3候補を準備しておくのは要望を通すのにいいことです。

長い間続けており、今や聖域となっている「毎週やっている1時間の定例会議」を例にしてみましょう。

・Ｅ（取り除く）　廃止する
・Ｃ（統合する）　毎月2回の定例会議を1つにまとめる
・Ｒ（取り替える）　会議の時間を朝から夕方に

変更する

・S（簡素化する）議論の決定だけをする。15分で終了。

このように第2候補、第3候補を用意しておくことによって、「廃止する」は無理でも会議の時間帯や曜日を都合のいいように変更することはできるかもしれないのです。

人を動かすためには第2、第3の候補まで用意しておきましょう。

第7章

武器になる褒め方・叱り方

1 やってはいけない褒め方

若手のやる気のある部下の多くは、成長したいと思っています。

だからポジティブなフィードバックのみでは満足しない、むしろネガティブなことを言われないことがマイナスになる人もいます。

ただ、問題は言い方なのです。

また、部下の立場であっても上司に対して時に反対意見を伝える必要があり、それを求められています。

ただし、ネガティブなフィードバックが必要だからといって、ネガティブばかりだと辛くなってきます。

だから使い分けが必要になってきます。

褒めると叱るとのバランスが大切になってきます。

ここではまずはやってはいけない褒め方から紹介していきます。

実は「褒める」ことはいいことづくめな気がしますが、やり方を間違ってしまうと、相手を傷つけたり信頼をなくす凶器にもなる可能性があります。

1 決めつけ褒め

「70代なのにＳＮＳ詳しいですね」
「20代（若い）なのに挨拶がしっかりしてるね」
「○○人なのに漢字よく知っているね」
「女性なのに重い荷物を持ってすごいね」

このように年齢・国籍・性別に関する発言は褒めたつもりが、相手の気分を害する可能性があります。

2 意外性を褒める

「やればできるじゃん」
「意外に深いところまで考えているんだね」
「さっきの資料、細かく分析されていてビックリしたよ」

このような言い方は褒めたつもりが、裏ではダメだと思っていたと明示しているようなものなので、良くありません。

3 上から目線で褒める

「見直したよ」
「感心しました」
「部長、さすがですね」

このような上から目線の言葉には注意が必要です。
特に部下から上司にこのように言ってしまうと、「何を偉そうに」と逆効果になります。

最近では年下上司と年上部下という関係の構図も増えており、部下に対してもこのような言い方はしないほうがいいでしょう。

また、上司や先輩を褒める時は、「企画出すのが得意ですよね」ではなく、「どうしたら○○さんのように企画をどんどん出せるんですか？　何か普段から意識されていることってありますか？」というように質問するといいでしょう。

「教えてください」という言葉は「貢献承認」といって、相手の承認欲求も満たします。

何より「下から目線」なので、相手も嫌に感じないでしょう。

スポーツ界の名選手の多くが「自分からは教えないけど、聞かれたら教えるよ」というようなことを言っていたのを耳にします。教えを請われて嫌な人はいないという証明でもありますね。

4 褒める理由をつけていない

この章の冒頭にも書きましたが、「何でも褒める人」は逆におだてでいるのではないかと思われます。

理由がない褒め方はおだてになります。

「伊藤さん、頑張っているね」

「はい。（何を言ってるのだ……またおだてか）」

「最近、御社すごいですね」

「ありがとうございます。（何がすごいのかな…）」

5 能力や性格を褒める

一見良さそうに見えるのが相手の能力を褒めることです。
たとえば部下の杉村さんに「杉村さんは優秀だからね」と伝えたとします。
褒められた側は喜ぶかもしれません。

しかし、仮に杉村さんが何かミスをしてしまった際、「せっかく能力を認められているのに、がっかりされるかな」とミスの報告を隠蔽してしまうかもしれません。

そもそも「仕事ができる」「できない」という区分が明確ではありませんし、これは決めつけになってしまいます。

漠然と一括りにするのではなく、「プレゼンの資料作成が得意だ」「アイデアを出すのが得意だ」など、具体的に細分化していきましょう。

また、性格を褒めるのは一見良さそうに見えますが、本人からすると指摘された内容が嬉しいとは限りません。

「○○さんは優しいね」

「はい。（言いにくいことを言えないと指摘されているのかもしれない）」

「○○課長は話しやすいです」

上司

「そうか（オレ、バカにされているのかな）」

このように逆の解釈をする人もいるかもしれません。

能力や性格は人によって恣意性も入るので基準が曖昧です。

同じような能力なのにAさんは褒めるけどBさんは褒めないといった状態になり、不信感を持たれるかもしれません。仕事においては行動やプロセスを褒めるようにしていきましょう。

行動にフォーカスすれば、他の人も納得するし、見習おうと考えるでしょう。

「さっきの会議での提案書、非常に良かったよ」

「今月はアイデアを5件も出してくれてありがとう。チームの活性化につながるよ」

「〇〇先輩、先ほどは営業のクロージングに関してのアドバイス、ありがとうございました」

2 こう褒めるといい

1 後天的な能力を褒める

外見を褒めることはハラスメントに抵触する可能性が高いものです。

以前よく飛び交っていた言葉に「俳優の○○さんに似ている」という褒め言葉がありました。

褒めているつもりが相手の気分を害する可能性もあるのです。

本人は好きではないかもしれませんから。

また「外見を褒める＝中身を見てもらっていない」と感じる人も多いものです。先天的な能力ではなく後天的な能力、行動や取り組みにフォーカスするようにしましょう。

2 2人称ではなく1人称で褒める

「伊藤さんは資料作成の色使いが上手だね」

「山岡先輩の説明は非常にわかりやすいです」

このように相手を主語にする褒め方は、相手からすると「上から目線」に感じることも少なくありません。

ここでは私は1人称を主語にした褒め方に換えてみましょう。

「(私は) 伊藤さんの作る資料ってすごく色使いがいいなと思ってます」
「(私は) 山岡先輩の説明はわかりやすくて、勉強になります」

同じ内容を伝えているのに、もしあなたが言われた場合、後者の言葉なら上から目線に感じないのではないでしょうか。

「思っています」「勉強になります」の主語はあくまでも「私」です。

主語をシフトするだけでこのように大きく相手の感じ方が変わるのです。

また、このように「私」を主語にするパターンは、仮に相手が「そんなことないですよ」「何言ってるんだよ」と謙遜してきた時も切り返しやすいのです。

「いえ、本当にそう思ったんですよ」「私はそう感じました」というように。

また、2人称の褒め方は、相手からするとわざとらしく感じると思う人もいて、褒め言葉を伝えるのが苦手な人にとっては難易度が高いものです。

そこで、推奨しているのが第三者を巻き込んだ褒め方です。いわゆる「陰褒め」です。

ある時参加したセミナーで「いない人のことを褒める」と良いと聞き、早速実践してみました。

私が営業リーダーをしていた頃、西川さん（仮名）という在庫管理表を毎日メールで送ってくる別の部署のリーダーがいました。

西川さんは転職して数ヵ月、仕事はきっちりされているのですが、どうにも愛想がなく、挨拶も笑顔もない状態で部下からの評判が最悪でした。

このままでは西川さんの部署と私の営業チームが対立をしかねない状態です。

セミナーに行く前はお恥ずかしながら私も「西川さんって何か感じ悪いんだよな」などと言ってしまったことがありました。

そこで心機一転、セミナーで学んだ内容を実践してみることにしました。

「先日得意先に訪問する直前に、西川さんからの在庫管理表がちょうど送られてきて助かったんだ。あれを見なかったらそのまま在庫切れの商品を紹介するところだったよ。おかげで違う商品を紹介して難を逃れられたよ」と、部下の前で言いました。

その後も西川さんの在庫表や他の連絡メールが助かったことを社内の内勤チームもいる雑談部屋で何度か話すようになりました。

すると3週間くらい経ってビックリしたことが起きました。

何と朝出社する際、ビルの1階でエレベーターを待っている際、西川さんが「吉田さん、おはようございます」と挨拶をしてくるではありませんか。

その後は会話も増えてきて、在庫の少ない商品の確保のお願いを聞いてもらったり、かなり融通を利かせてもらえるような良好な人間関係になっていきました。

その場にいない第三者を褒める。ぜひ試してみてください。相手の面前で褒めるのが苦手という人もこの方法ならハードルが低く感じるかと思います。

3 皆の前で褒めない（1対1で褒める）

「叱る時は1対1、褒める時は全員の前で」とかつては言われていましたが、今は褒める時も1対1が好ましいです。なぜなら、自分ばかり褒められて媚を売っている・調子に乗っているというように思われないかと気にする人も増えてきてるからです。

3 凶器にならない叱り方

「叱る」ことに悪いイメージを持っている人は多くいますが、正しい叱り方さえマスターすれば、部下や後輩との人間関係が悪化することはありません。

ここからは、叱る際に心がけておきたいこと、その場の注意点に分けて説明していきます。

1 叱る目的を間違えない

まず叱る目的はあくまで「部下や後輩の行動改善」です。

時に相手が反発してくる場合もあります。

それでも決して大きな声を出したりしてはなりません。

逆を言えば、どんなに強い口調で叱責しても、部下が行動を改善しようとしなければ何の意味もなかったということです。

静かに指摘しても、部下の行動が改善すれば成功といえるでしょう。

2 以前にもまして言葉が重要になった

ここ数年はリモートワークの浸透などによって、今まではタブーとされていたメールで叱らなくてはならないケースも出てきました。

以前でしたら「メールで叱ってはならない、対面で叱る」のが原則でしたが、そうもいかなくなりました。

しかも叱る時は「できるだけ早く」が原則です。

週に１回しか顔を合わせない職場で、「そういえば４日前のあの出来事さあ」なんて言われても、後輩や部下からすると「何を今さら」と思うでしょう。

ですから、メールで叱る必要があるのです。

しかし、メールの最大の問題点は文字の背後が見えないことです。

たとえば以前、私は隣の部署の親しい上司から次のようなメールをもらったことがあります。

「待ってるんだ。早くしろ」

商談が長引いてしまい、待ち合わせに遅れてしまった時のことです。

仮にこれを人間関係が構築できていない部下に送ったら悩んでしまうでしょう。

さらに問題なのは人間の心の状態はその時々で揺れ動いていて、同じ内容を送っても月曜日の午後はショックを受けないのに、水曜日の夕方に送った時は他の出来事も重なってかひどく落ち込むケースもあります。

ですから送る前にこのメールを読んで相手がどう感じるかを確認しましょう。

3 叱る内容は1つに絞る

複数叱りたいことがあっても1つに絞りましょう。

一度に複数の改善をするのは難しく、叱った側と受け取った側の優先順位が違ってしまうことがあります。

仮に複数指摘しておく必要がある場合も優先順位を1、2、3とつけましょう。

1．ミスが起こらないように指差呼称確認する場所を決め、ＰＣに貼っておく
2．メールチェックを1日3回はやってほしい
3．業務部に資料を作成してもらったらひと言お礼を言う

等のように伝えると、分かりやすいでしょう。

4 叱る時の注意点（信頼貯金を借金にしない）

特に意識したいのは「ブレない」「追い詰めない」「行動に移す」です。

どんなに話の内容（ロゴス）が正論でも人はその人の人格（パトス）に共感できなければ、言うことを聞こうと思いません。

実は「感情に任せて怒る」は一発で信頼貯金をゼロかマイナスにしてしまうのと同じです。

あまりいいたとえではないかもしれませんが、普段コツコツ貯金していたのに、ある時ストレスが爆発し、夜の飲み屋とギャンブルで散財するのと同じです。

このように書くと「叱る」のは相当リスキーに感じる方もいらっしゃるのかもしれませんが、冒頭であげた3点に気をつければ問題ありません。

ここでは、やってはいけない叱り方を先に紹介してそのうえで改善方法をお伝えしていきます。

1 反発してきた相手を追い詰めない

×　「文句あるのか」
×　「言い訳するなよ」
○　「納得してないみたいだね。意見を聞こうか」
○　「今回の件で絶対譲れないという点が1つあれば教えてくれるかな」

言い訳をしてきた相手を追い詰めることは簡単です。

しかし、行動改善にはつながりません。

このような部下や後輩を追い詰める前にひと呼吸。自分もそんなことはなかったかと考えてみましょう。そうすれば対応できるのではないでしょうか。

クレーム対応も似た点があります。

お客様に対して「お客様の不注意で商品を落としてしまった場合は、規定で返品対応できません」と伝えるのは簡単です。

しかし、怒りに火をつけるだけです。

「落としてしまったのですね。それは大変でしたよね。状況を詳しく聞かせていただけますか」と言われたら、お客様も話しているうちに「有料でもいいから修理をお願いします」と言っていただけるケースも多いと聞きます。

まず頭ごなしに会話を終わらせるのではなく、質問という形で寄り添い、相手に話してもらいましょう。

2 親近効果に気をつける

リモートで部下Eさんを叱ったリーダーCさんのお話です。

Cさんは叱った後、「次は間違えるなよ」と言ってそのままZoomを終了してしまったようです。

Eさんは必要以上に落ち込んだようです。

「親近効果」といって、人はその人の最後の様子に影響を受けます。

できるリーダーは最後のひと言を前向きに行動に移せる言葉にします。

「まずはここから直そう。頑張っていこう」

「明日から頼むぞ」


美容室や洋服屋さんに行くと、お客様が帰る時、お店の外まで出てきて見送っていただけます。「今回もこの人に頼んで良かったな」と満足感がより増します。

人は最後の印象が本当に大事です。

逆に、接客して買うまでは丁寧だったのに、帰る時にあっけなく挨拶もなかったら、ああ「この人売りたかっただけなんだな」なんて思ってしまった場合もあります。

3 差別はしない

人は感情の生き物。

同じミスをした場合、「Aさんには叱るけれどBさんには叱らない」などと差別をしてしまいがちですが、このようにブレるリーダーは信頼されません。

「ミスをしたことは叱らない。ミスの報告を24時間以上してこなかった時は叱る」などと明確化しておきましょう。

第8章

有効的な対立にする伝え方（コンフリクトマネジメント）

1 対立を避けるのは危険な時代になった

「自分以外が満場一致ならまあいいか」、「意見を合わせるのも仕方ないな」と思った経験もあるのではないでしょうか。

特に若手メンバーは立場が上の人や声の大きい人の意見に引きずられてしまいがちです。

しかし、誰かの意見に引きずられているだけの状態は危険です。

若手のうちから言いたいことは言えるようにしておきましょう。

日本の組織では、「社長が言っているので」といった権威へ依存するケースも少なくありません。

権威への依存はある意味ラクかもしれません。

権威への依存を打破するには、相手が言った内容をしっかりリスクニングし、検証しなければなりません。相手の発言をロジカルに判断する必要があります。

また、対立回避の文化が日本では根づよくあります。

「和を以て貴しとなす」という言葉があるように、みんなと同じであることを子どもの頃から求められてきた影響もあるのでしょう。

ですから、言いたいことがあっても波風を立てないように我慢しようという傾向がありました。

しかし、今は高度経済成長期の頃のような時代と変わったどころか、コロナ禍などの影響もあり、先行きの見えなくなった時代です。

上司もなかなか解を見つけられないことが多いのではないでしょうか。

そういったことから、部下に対して求めるものも変わってきました。

何も言わずに上司に従うだけの部下より、時には耳の痛い意見や業界の常識を打ち破るような意見を出してくる部下を評価する傾向にあります。

すなわち、対立を避けて何も言わないのは組織はもとより、かえって自分を危険に晒してしまう可能性が出てきたのです。

2 対立を避けることは弊害になる

「上司の考え＝組織の考え」になっている状態は非常に危険です。

かつての高度経済成長期のように、上司がすべての部下に対して能力も高く知識も豊富な全知全能の時代なら良かったかもしれません。

しかし、現代では専門性の高さが求められていることもあり、ある分野においては若手の方が知識や経験も豊富であるケースが増えています。

さらには、先行きの不透明な時代、リーダーだけが判断するのは非常に難しくなりました。

そのため、部下もまだ社歴の浅い段階から自分で考えて動く必要が出てきました。

以前なら3年目の社員なら先輩が同じ業務を経験していることも多く、あらかじめどう動けばいいかの正解が用意されていました。

しかし今は変化のスピードが激しいため、上司が現場にいた時の感覚とだいぶ乖離しているケースが多くなりました。

ですから、現場の状況をしっかり伝えるという意味でも、意見を言うことが必要になってきたのです。

極端なことを言えば、上司が間違った意思決定をするのを防止しなくてはなりません。

ですから対立を避けるわけにはいきません。

対立を避けることは組織の硬直化にもつながっていきます。

何より今は枠にとらわれるのが危険な時代。

「正解のない時代」といえます。

だからこそ、奇抜な意見が求められています。

そうしないと時代の流れについていけないということもあります。

また経験がある分野の業務、自分が得意だと思っている業務、思い入れが強い業務ほど視野が狭まる危険性があります。

自分の意見が間違っているかもしれないけれど、言ってみる勇気、相手が間違っていたら正しい意見を出して修正を提案する勇気が必要な時代になりました。

3 コンフリクトマネジメントがクローズアップされてきた

そもそもビジネスにおいて対立は仕方がありません。

私自身、外資系企業で勤務したこともありますが、激しく意見を出し合う機会を何度も見ました。

欧米ではコンフリクト（衝突）はつきもの。

あって当然と考えられています。


かつて外資系企業勤務時代に欧米人のアジア統括部長が、幹部会議で激を飛ばした時のことです。ビックリしたのが、かなり厳しく目標の未達を突っ込んで険悪な雰囲気になりかけたCさんに会議室を出た瞬間、笑いながら肩をたたいて話しかけていたのです。

その時はビックリしましたが、3ヵ月も経てば違和感がなくなりました。

日本と違って欧米ではコンフリクトマネジメントといった対立を上手く処理して協働を求めるス

キルが根づいているようです。

コンフリクトという単語には、「対立・闘争・衝突」などの意味があります。

コンフリクトマネジメントは、チームや組織内で意見の対立が起きた時、それを避けようとするのではなく、逆にチームや組織の活性化や成長機会と捉え、積極的に対立を生かして問題解決を図ろうとする取り組みのことをいいます。

日本人だから気質が違うのではありません。

自己主張やコンフリクトへの対処ができないのではなく、慣れなのではないでしょうか？

そもそも大きな声の人の意見ばかりが通っていたら誰も会議に出る必要なんてないわけです。

ですから、会議中の意見対立は悪ではない。

悪どころではなく、イノベーションを生み出すうえでは必須であり、建設的な意見対立は大いに望ましいのです。

コンフリクトが生じるからアイデアやスキルが生まれるのです。

施策などの決定までの意見対立は構わないのです。

ただし、決定してからはそれに従い、全力を尽くす。

会議で何も言わずに「本当は反対だった」の後だしじゃんけんはＮＧです。

「対立してもいいから」と伝えることで、会議では発言せざるを得なくなり、会議の活性化につながります。

積極的な意見のぶつけ合いはするが、会議終了後は対立を引きずらないようにすればいいのです。

1 タスクの対立を人間関係の対立に発展させてはならない

タスクにおいて意見の対立は、イノベーションのために必要なことですが、これを人間関係の対立に発展させないように注意しましょう。

特に日本人にはこの傾向が強くあります。

たとえば自分が出した新しい企画のアイデアに対して、「リスクに対しての検証が甘いのではないか」と別部署の先輩Ｃさんが突っ込んできたとします。

あるいは自分が出した案と真逆の反対意見を出してきたDさんの影響で自分の意見が通らなかったとします。

この場合、辛辣な反対意見を出した人はあなたの「意見」に反対したのであって、「あなたという人」に対して反対したわけではありません。

しかし、「自分という人間」に対して反対したように思ってしまうケースが多いものです。

私もお恥ずかしながらかつて「全くあの人は」と反対意見を持ってしまったことがあります。

でもこの考えは危険です。

まず相手からすると反対意見を出しにくくなります。

さらに本来する必要のない不要な対立を持ち込むことになりかねません。

人間関係の対立は業務に支障をきたします。

人間関係の対立に発展させないためには、次の3点を意識するといいでしょう。

①相手軸に立って考えるように心がける

主張する時は主張するけど、相手の意見を尊重する時は尊重する。

このバランスが大切です。

辛辣な反対意見を出す時は「クッションワード」を使って最大限の注意を図りましょう。

また相手の反対意見に対して即否定ワードで返すのではなく、承認ワードでいったん受け止めることです。

気分を害してしまった時は、しっかり謝ることも必要です。

謝られればたいてい怒りは収まりますし、謝ることができる人は好かれます。

前に書きましたが、人は相手の人格（パトス）を重視し、「話の内容」よりも「誰が言ったか」を重視します。嫌いな人の話は聞きたくないもの。嫌われないように気をつけましょう。

②自分自身ではなく「意見への否定」だと考える・伝える

これはどんな時も意識しないといけません。

仮に落ち込みやすい部下や後輩に対しては、

「あくまでその提案に対して感じたことを言うよ」

「辛辣に感じるかもしれないけど、その案がブラッシュアップし、実現できるようになるために言うよ」

と言う様に、その人を否定しているわけではないと伝えましょう。

③普段からコミュニケーションをとっておく

会議終了後に、「意見を出してくれてありがとう」と伝えて、無関係の雑談をしたりしてみましょう。

もし、会議の場でかなりヒートアップしてしまった場合は、その後「陰褒め」をしてみましょう。「Aさんの意見、鋭かったな。でも勉強になったな」などといないところで言いましょう。その人に必ず伝わります。

また、コミュニケーションを取って距離を縮めるのはいいですが、意見を言い合わない「なあなあ」の関係は違います。

よって、部下や後輩に「会議ではどんどん反対意見をぶつけてほしい」と明確に伝えましょう。

2 意見の対立は3つの要因から起こる

前項で触れた「人間関係の対立」、いわゆる「感情の対立」の他に、コンフリクトマネジメントで対立が生じるのは主に次の３つが要因です。

①立場の違い
②情報の有無、情報の解釈の違い
③解決手段の違い

①立場の違い

それぞれの立場で意見は異なります。

上司vs部下
営業部vs生産管理部
売り手vs買い手
リモートワーカーvs出社組

このように立場によって生じる対立はあるものです。

しかも人は自分の視点が起点となっています。


特に勢いあまった暴言などは言わないように注意しましょう。

一度言った言葉は、自分では取り消せるかもしれませんが、相手の心には残ります。

そこで、
・営業部の方は「生産管理部の方の業務が大変になってしまい申し訳ないですが」
・リモートワーカーの方は「出社組の人は業務が増えて大変かもしれませんが」
といった形式で、相手の立場を配慮していることを示してから意見を言うようにしましょう。

②情報の有無、情報の解釈の違い

人は情報を知っているかどうかで、大きく意見が変わります。

仮にある土地を売っているとします。

ここに10年後、電車の駅ができると知っていれば購入してもいいと思うかもしれません。

しかし、知らなければ買いたい人の気が知れないとなるかもしれません。

お互いに同じ情報を手に入れていたとしても、それに対する解釈は大きく変わることはあります。

●ライバルチェーンのお店が駅の逆側にできる場合

「お客様が流れる」と考える人もいれば、「そもそも駅からの動線が変わるわけではない。わざわざ南口に降りて買い物をする人はいないだろう」と考える人もいるでしょう。

●同じレビューでも解釈が分かれる

情報を見る視点が違う場合もあります。たとえば商品のレビューなどで高評価を気にする人もいれば、低評価を気にする人もいるでしょう。

③解決手段の違い

仮に同業のライバルがコストを抑え、販売価格を下げてきたとします。

この場合、価格を下げて対抗しようと考える人もいれば、広告の出稿量、露出を増やそうと考える人もいるわけです。

同じ情報を得ていたとしても、解決手段が変わるわけです。

体重を減らそうとする場合、運動量を増やそうとする人もいれば、食事量を減らそうとする人もいるでしょう。

資格試験に挑戦しようとする場合、専門学校に通おうとする人もいれば、独学で挑戦しようとする人もいるでしょう。

新規顧客の獲得数を増やそうとする場合、既存顧客や知人に紹介を頼む人もいれば、ひたすらテレアポをする人もいるでしょう。

何か「不」を解決する場合、方法は複数あるものです。

そして選択はそれぞれ違うものです。

4 解決のためのオプションを考える

たいていコンフリクトが生じた時、次の5つの結果になると言われています。

1 回避

「どうせ自分の意見を言っても聞いてくれないし、意見が対立するのも面倒くさい」と考えてしまう状態です。

だからといって相手の意見に歩み寄るのも嫌だと考えています。事なかれ主義でできるだけ回避し、傍観者でいたいタイプです。

2 服従

自分の意見を押し殺し、相手の意見をそのまま受容する状態です。

内向きな人はこの傾向にあります。

また、社歴が浅い、現時点でパフォーマンスが出ていない人も含まれます。

「どうせ自分の意見を言っても聞き入れてくれないし、怒られるくらいなら、相手の言うことを聞いておこう」と考える人です。

かつての日本にはこのタイプが多く、好ましいやり方とされていました。

変化のスピードも遅いうえに、年功序列制度や終身雇用制度もあったので、「若いうちはとにかく上司に合わせて好かれよう。自分が管理する側になれる時までは忍耐だ」という考え方です。

しかし、年功序列制は崩壊してしまい、上司に服従していてもポジションを上げてもらえる状態ではなくなりました。

また、上司の考えが正解という状態はなくなり、上司が部下に答えを求める時代になったため、

「服従」では評価がされなくなる傾向にあります。

3 妥協

両者がそれなりに納得できる落としどころを見つければいいと考えている状態です。

お互いの意見が調和されるので、一見不満はなさそうに見えます。

肝心な話し合いは回避されるので、どこかベストではない状態です。

妥協でも対応はできるのですが、建設的なアイデア、いわゆるイノベーションとなるアイデアは生まれにくくなります。

4 強制

相手を圧迫して自分の意見を押し通そうとする状態です。

声の大きい人など威圧的な人が多い職場では起こりがちです。

声の大きい人にとって正しいと思っていることや、やりやすく感じている意見を通せるので、一見良さそうに思えます。

しかし、声の大きい人の能力や見識が組織の限界になってしまいます。

このタイプの上司に仕える部下は「A部長には言っても仕方ないや」と思ってしまい、意見をするのをやめてしまいます。

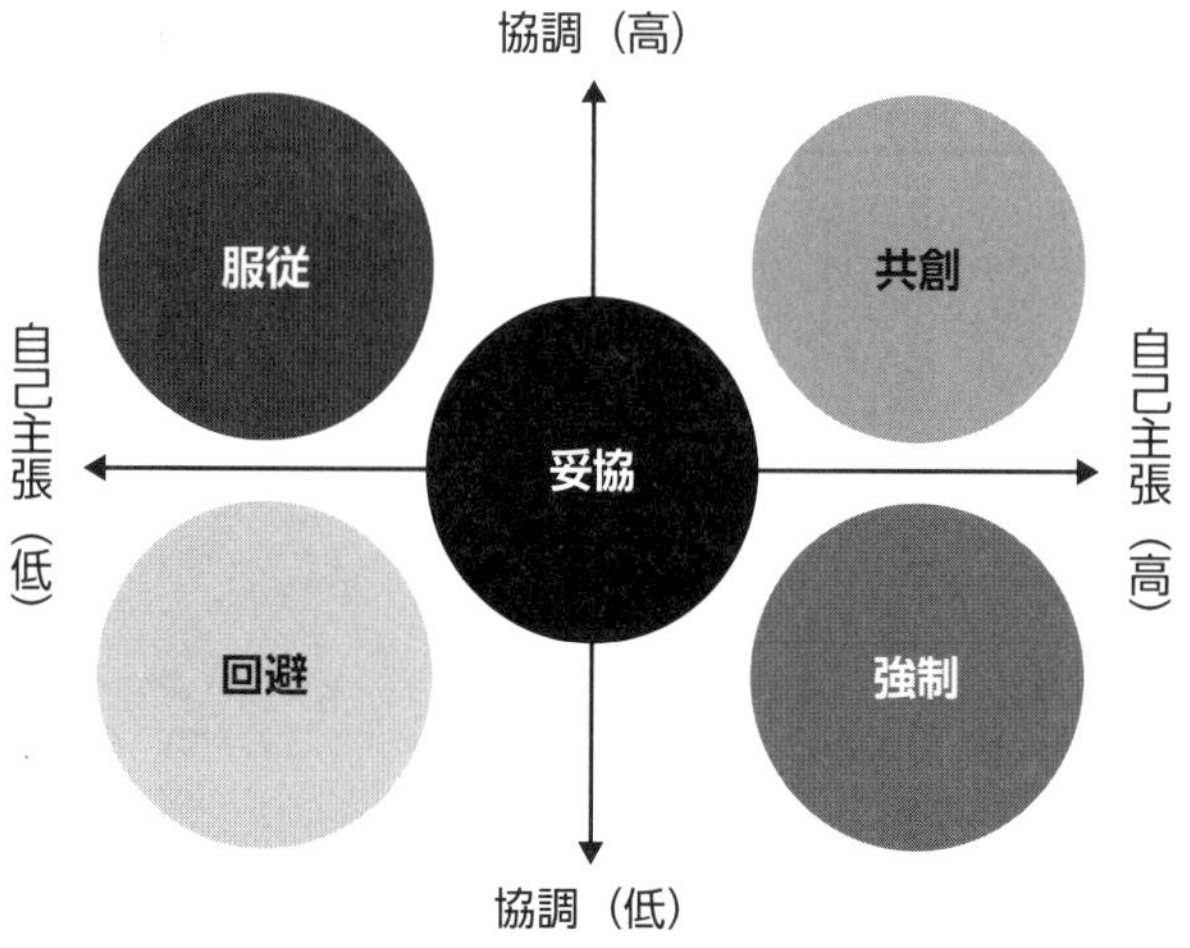

そうすると、視野狭窄に陥り、新しいアイデアなどイノベーションは生まれにくくなります。

結果、組織として衰退していく羽目になります。

5 共創

自分の意見を主張しつつも歩み寄りもする非常に理想的な状態です。

刺激的でイノベーションも生まれやすく、欧米で理想とされている状態です。

ここを目指していきたいところです。

それではここで、食事をしに行きたいけど、中華料理にするかイタリアンにするか対立しているとしましょう。

Aさん本人は実はイタリアンに行きたいと思っ

ています。

この時、5つの状態の場合、次のようになります。

①回避「お互いにまとまらないから、今日のランチを別日にしましょうか」

②服従「(Bさんに合わせよう……)中華でいいですよ」

③妥協「今回は中華にして。次回イタリアンにしましょうか」

④強制「イタリアンでいいですよね。オーダーから食事が出てくるまで早いですし」

⑤共創「イタリアンも中華もメニューにあるバイキングのお店があるんですけど、そこはいかがですか」

「共創」にすればお互いの意見は反映されるわけです。

ここを目指していきたいところです。

次にビジネスのシーンに置き換えて考えてみましょう。

営業チームでは「企画書の作成依頼を18時締切で、2営業日後の18時を完成の期限にしてほしい」と考えています。

一方で営業企画部としては、最近業務も増えてきたため「現在の作成依頼が18時締切で3営業日後の18時の完成の期限を保守したい」と考えています。

それどころか依頼の締切を12時にしてほしいと思っています。

営業チームCさんは営業企画部Eさんと話し合います。

ここはCさんの立場で見ていきます。

①回避　「お互いに今は繁忙期なので、また5月後半あたり落ち着いた時に話しましょうか」↓先延ばしにする

②服従　「大変ですよね。わかりました。依頼を12時締切で3営業日後の18時の完成の期限にしま

しょう」↓不利な条件になってしまう

③妥協　「お互い思うところもありますが、今はそのままの状態で依頼が18時締切で3営業日後の18時を完成の期限にしておきましょう」↓納得したように見えて何も進展していない

④強制　「お客様を営業が取りやすいようにするのが筋でしょう。依頼の期限は18時締切で完成の期限を2営業後の18時に変更しましょう」↓営業企画部Eさんは不満を抱く

⑤共創　「依頼の締切は12時にして完成の期限は2営業日後の18時で、来週の16日から1週間だけトライアルしてみませんか」↓この場合、締切を早めるという点で相手に合わせながらも2営業日後を主張する。そのうえで、「1週間だけのトライアル」としているため、相手の心理的負担も軽減しています。お互いの意見を尊重しながらも進展しています

5 意見や行動の背後にある相手の深層を知る（「共創」への導き方）

では具体的にどのようにして「共創」の段階まで交渉していくかをお伝えしていきます。

段階としては次の5段階になります。

1 相手の一番大切にしている部分を聞き出す
2 1点だけ条件を外せないか聞いてみる
3 「バイアス　クラッシュ　クエスチョン」でブロックを解除する
4 まずは1点譲れない条件を決める
5 提案し、「共創」の状態に導く

先ほどの例で見ていきます。

営業チームでは「企画書の完成を2営業日後の18時締切にしてほしい」と考えています。

一方で営業企画部としては、「現在の依頼を18時締切で、完成の期限を3営業日後で保守したい」と考えています。

それどころか依頼の締切を12時にしてほしいと思っています。

営業チームCさんは営業企画部Eさんと話し合います。

ここはCさんの立場で見ていきます。

1 相手の一番大切にしている部分を聞き出す

Cさん「営業企画部さんには、いつもご対応いただき、ありがとうございます。実は最近他社が早い対応をするようになり、納期のスピードを早めていただけないかと思っております。ここだけはどうしても企画部さんのほうで譲れないという点はありますか？」

Eさん「今、社長から指示を受けている市場調査の仕事も抱えていますし、バッファを見ておきたいんです」

ここで企画部側の**「バッファを確保しておきたい」**という考えがわかりました。

2 1点だけ条件を外せないか聞いてみる

Cさん「たとえば1週間の中で、2日間だけ対応できるという日はありませんか？」

Eさん「2日は難しいですね。あとは日によって案件が集中するのもこわいですね」

3 「バイアス　クラッシュ　クエスチョン」でブロックを解除する

1日たりとも対応できないという相手の思い込みを解除する質問です。

Cさん「市場調査の仕事が毎日入ってくるわけではないですよね」

Eさん「確かに」

4 まずは1点譲れない条件を決める

Cさん「2営業日で週1日火曜日だけ対応していただけないですか。ただしその日に集中しないように5件に限定します」

Eさん「週1日で5件以内か。それなら良さそうだけど、他の仕事もあるからな…」

5 提案し、「共創」の状態に導く

Cさん「ずっとは難しいと思うので1ヵ月だけこの条件でいかがですか」

Eさん「じゃあ、1ヵ月だけやってみましょうか」

6 相手が反論してきた場合

相手の反論に対していきなり反論で返そうとすると相手の心象も悪くし、より対立が激化してしまう場合もあります。

人間関係の対立に発展しかねません。

この場合は、次の手順で対応しましょう。

1 話をできるだけ聞く

途中で口を挟まないことです。

話を聞いてもらえれば相手はクールダウンしていくケースも多いものです。

特に反論の場合、相手が感情的になっていたり、話の内容が支離滅裂になっているケースもあります。

しかし、人は話していくうちに頭の中が整理されることも多いものです。

ひたすら相手が話をしているのを聞いていたら「確かにAさん（相手）のおっしゃることも理に適ってますね」なんて言い出すこともあります。

2 相手の反論をまずは承認ワードで受け止める

ここでいう「承認ワード」とは、相手の意見を受け止める言葉です。

相手に意見を受け止めてもらうためには、まずは相手の反論を受け止めることが大切になってきます。


ここでいきなり、否定ワードを使ってしまうと当然、相手も反発してきます。

最初に相手を怒らせてしまうと、たいてい交渉は上手くいきません。


またその後、強引に自分の意見を通そうとするのも危険です。

心理的リアクタンスという言葉がありますが、相手を誘導しようとすればするほど、相手の脳は無意識に抵抗してしまうものです。


ここで強引にというのは、「そうですね」「確かに」といった後に「でも」「しかし」といった否

定ワードで意見を通すことです。これは以前はよく使われた「イエス・バット法」という手法です。

いったん相手の意見を受け止めてから「でも」「しかし」「そうはいっても」といった逆接の言葉を使う方法です。この方法は最近は使う人が大幅に少なくなりました。

「でも」「しかし」といった否定の意味の接続詞のパワーが非常に強いからです。

具体例をあげていきましょう。

部下　「今回、30代の女性向けの媒体にも広告を掲載したいです。広告費は50万円ですが、いかがでしょうか？」

上司　「確かに、その層は今後強化したいね。でも50万は無理だよ。ネット媒体○○に載せたらいいんじゃないかな。30代女性も見ると思うし」

部下　「わかりました……（少し納得できない様子で）」

この場合、「でも」「しかし」を次のように言い換えてみましょう。

「今回、30代の女性向けの媒体にも広告を掲載したいです。広告費は50万円ですが、いかがでしょうか?」

「確かに、その層は今後強化したいね。私が思うには50万円かけるのはリスクがある気がするな。ネット媒体○○に載せたらいいんじゃないかな。30代女性も見ると思うし」

「わかりました」

この方が納得感があるのではないでしょうか。

「でも」などの否定ワードはパワーがあって、部下も言い返しにくいものです。

また、このように相手を押し切るような言い方の場合、その場では「わかりました」と言いながら、納得できずに後日反論してくるケースは少なくありません。

反論を承認ワードで受け止める

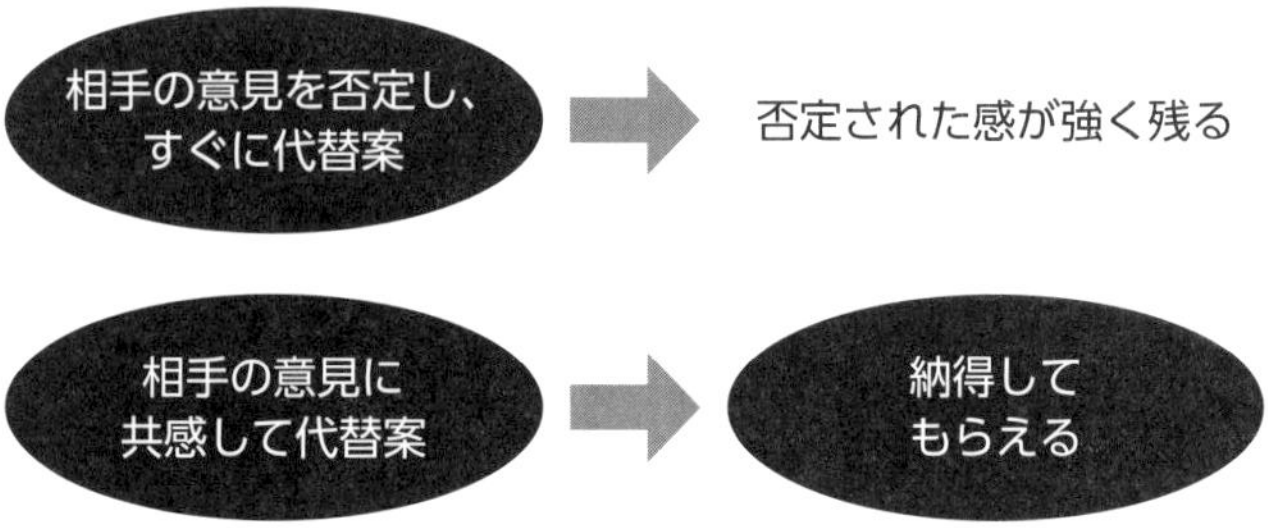

3 クッションワードを使って質問で切り返す

相手の反論には質問で切り返すのがいいでしょう。具体的に見ていきましょう。

・「わかりにくい」と言われたら
→「そうでしたか。どの点がわかりにくいと思われましたか？」
・「現実的ではない」と言われたら
→「どの点がそう感じましたか？　逆にこれならできるかもと思える点はありましたか？」
・「お客様の求めるものじゃない！」と言われたら

↓「そう思われましたか。お客様はどういう方をイメージしていますか？」

・「他社でも導入しているけど、今さらできない」と言われたら

↓「そうですね。逆にどんな商品ならいいと思われますか？」

このように反論をするのではなく、相手の主張に対する理解を深める質問をするように努めると反対が起こらなくなるでしょう。

7 ぎこちなくなってしまった場合

「鉄は熱いうちに打て」という言葉があるように、できるだけ早く相手に声をかける方がいいでしょう。

確かに1週間など時間が経過して、次の会議まで冷却期間となる場合もあります。

しかし、その間、悶々と相手との人間関係を気にするのも、メンタル的に良くありません。早く声をかければ引きずらずにすみます。

このパートでは、「人間関係の対立に発展させないようにするためにはどうしたらいいか」をお伝えしていきます。

1 自分の意見に対して謝罪してはいけない

「先ほど広告媒体は○○にすべきと私は言いましたが、やはりAさんの意見が正しかったと思います」と激論になったことを気にした後輩Bさんは謝罪しました。

これは一見良さそうに見えますが、やってはなりません。

なぜなら、今後「意見」を言いにくくなってしまうからです。

会議は意見の対立があるから成り立ちます。

反対意見を出したことは全く悪ではないのです。

もしあなたがリーダーで部下があなたの意見に反論し、それがヒートアップした場合、謝罪してきた部下には必ず次のように伝えてください。

「何も謝ることなんてない。意見を出してくれてありがたい。1人では気づけないこともたくさんある。これからもどんどん反対意見をぶつけてほしい」

そうしないと、誰も意見を出さなくなってしまいます。

これに関連することですが、私は叱ったことは絶対に謝ってはならないとクライアントに伝えています。

なぜなら「さっきは言って悪かった」と言ってしまうなら、叱った意味がなくなってしまうからです。

②言い方や態度に問題があったと感じる場合はその旨を謝罪する

強く感情的な言い方をしてしまうことはあるでしょう。

たとえば、

「根拠がまだまだ浅いな」

「先輩の考えは古いですよ」

と相手を傷つけるようなことを言ってしまった場合はその旨を謝罪しましょう。

先ほど叱ったことを謝ってはならないと書きましたが、感情的になって叱ってしまったことは謝罪するようにします。

× 先ほどB案の方がいいと言いましたが、やはり先輩の言うようにA案の方がいいと思います。
すみませんでした。

○ 先ほどは失礼な言い方をしてしまい申し訳ございませんでした。

○　先ほどは失礼な態度をとってしまい申し訳ございませんでした。

他にも相手に話す機会を与えなかった場合などはその旨をお詫びしましょう。

○　お話を遮ってしまい、申し訳ございませんでした。

3 良い印象で終わらせる

会議はずっと続くものです。

会議に限らず業務上での関わりも続きます。そのためには最後の印象を良い状態で終わらせましょう。

先ほども書きましたが、**「親近効果」**といって、人は最後の出来事が強く印象に残るものです。

「今日はありがとうございました」
「私には気づけない視点でした」
「Bさんのお話、勉強になりました」

「次回もよろしくお願いします」
「S社の案件の相談もよろしくお願いいたします」

会議室を一歩出たら、相手が気分良くなるような終わり方をしましょう。
他の仕事の話をするのもいいでしょう。

8 ソフトな否定パターンをいくつか集めておく

ここでは、相手との人間関係が悪化しがちなパターンの代表例をあげ、防止する方法をお伝えしていきます。

1 言った言わないの食い違いが出た場合

「リスクの検証はしたか」

「他部署との交渉はきちんとしたのか」

と聞いてきた上司Aさん。

実は、聞かれたBさんは実はこの報告をすでにしています。

Aさんは忙しかったのでしょう。こんな時に「前に話しましたよね」なんて言ってしまうと上司の気分を害してしまいます。

「こんな時は自分に落ち度があったのではないか」と示しながら切り返しましょう。

「先週の金曜日にお伝えしたかと思ったのですが、もしかして伝わってなかったですか。私の勘違いかもしれません」

「すみません。私の伝え方が良くなかったかもしれません」


人には「返報性の原理」も生じます。

このように言われたら、きっと気を遣ってくれるでしょう。


仮に伝えたつもりの内容と伝わった内容が違った場合、感情的になってはなりません。そもそもビジネスに「絶対的な正解」はありません。

また、相手の理解力がないなんて考えてはなりません。

それよりも自分の伝え方をブラシュアップしようと考えましょう。

その方が相手の気分も害さないし、自身の成長になりますから。

2 話題がそれてしまった場合の戻し方

コンフリクトの場面でよく起きるのが、熱量が高まりすぎて話題がそれたり、本来の目的が見えなくなってしまう場合があります。

そんな時に、

「いいから本題に戻しましょう」

「目的と離れた話になってますよ」

と直言してしまっては人間関係に悪い影響を及ぼすかもしれません。

そんな時は、次のような言い方いいでしょう。

「そもそも納期を早くするとどんなメリットがあるんでしたっけ？」

「何に一番時間がかかっているんでしたっけ？」

「一番の目的って何でしたっけ？」

たとえば、新しく部署に来た人がいて歓迎会をしようと考えています。

部署内にはお酒が好きで夜の飲み会をやりたいという人たちと、夜の時間は取られたくないし、お酒を飲めないのでランチ会がいいという人と半々くらいです。


Ａさんはランチ推進派なのですが、飲み会推進派には手強い課長と主任がいます。

こんな時はどうしたらいいでしょうか。

×「今はあまりお酒を飲みたくないという人もいますからランチにしましょう」
この言い方では、相手の気分を害する可能性があります。

○「そもそも目的って何でしたっけ？」
この場合、交流が目的と返ってくることが大方予想されます。

ただし、ここで
「交流するのにお酒が必要ですか？」

「お酒がなくても交流って深められないですか？」

といった言い方をすると、相手はランチでもいいと言ってくれますが、責められている感じがします。

お酒を飲めない人が主流で、飲みたい人がイレギュラーのように感じさせてしまうからです。

ここでは、お酒を飲めない人がイレギュラーという扱いをしているような聞き方をします。

「交流目的ならお酒を飲めない人も参加できるので、ランチがいいですね」

「そもそも」と当初の目的に立ち返る「原点回帰質問」はお互いの主張が異なった時、使うと効果的です。

ゼロに戻すという意味合いですので、使いやすいでしょう。

他にも例をあげてみましょう。

納期を早めてほしい営業部と現状のままが希望の業務部が会議で対立しています。

業務「そもそも納期を早くするとどんなメリットがあるんでしたっけ？」

営業「納期を1日早くすることで、競合他社に勝つことができます」

業務「確かに納期は大事ですよね。ただ業務部も今人員が少なく、できるだけ対応したいのですが、なかなか難しい状況です。ちなみに失注には納期以外の要因もないですかね。協力できる部分はしたいので、ヒアリングしていただけますかね」

少し話はそれていますが、他のことで協力したいという旨を伝えていますので、営業部としては気分を害することもないでしょう。

ここでこのように伝えると対立になります。

業務「納期を早めたところで受注できるんですか？」
「失注の要因は他にあるのではないですか？」

3 相手の小さな間違いを指摘しない

私が講演やセミナーなどでリーダーの方にお伝えしている「叱り方」の理論のなかに、**「アメとムシ理論」**というものがあります。

このように書くと「アメとムチ」の誤字なのではないかと思われるかもしれません。

しかし、誤字ではありません。

「アメ」の意味は同じで「褒める」ということです。

一方「ムシ」は無視の意味です。

小さなことには目くじらを立てずに、無視（スルー）しましょう、ということです。

それと関連して、小さなことに目くじらを立てない、いわゆる小さな間違いを指摘しないということです。

よく子どもの頃、優秀な生徒が先生の間違いを指摘したりしていることがありました。実は大人になっても同様に「誤字脱字」や「言い間違い」「読み違い」などを指摘する人もいます。

もちろん誤字脱字や間違いはない方がいいでしょう。

しかし、社内で意思決定をする際の議案に大きな影響を受けない資料の誤字脱字を指摘したところで、成果が変わるわけではありません。

以前、講演で私があるテーマパークのことについて触れたことがありました。

お恥ずかしながら私の調査不足で講演した市にある施設を、「隣町の○○市にあります△△テーマパーク」と言ってしまいました。

その時、講演を管理する担当者の方が、その場で指摘せずに休憩時間に私と1対1になった時、「先生に恥をかかせてはいけないと思いますので、指摘しておきますね。△△テーマパーク、実はうちの市なんですよ」と指摘していただきました。

相手に恥をかかせない、コンフリクトの場面では特に気をつけたいことです。

コンフリクトは「お互いの意見を尊重し合ってベストな案を作る」のであって、お互いのアラを探したり、恥をかかせたりするのが目的ではありません。

この点がブレてしまうと人間関係の対立に発展しかねないため気をつけたいところです。

おわりに

最後までお読みいただき、ありがとうございました。


「伝え方を工夫するだけでこんなに相手への印象が変わるのか」

「相手からの評価が変わるのか」

と感じていただけましたでしょうか。


あとは本書に書いてある内容を実践していっていただければと思います。

なおその際、なかなか上手くできないといったこともあるかもしれません。


でも大丈夫です。

私自身も数々の失敗をしたうえで今の方法にたどり着きました。

また頭の中ではわかってはいるものの失敗してしまう場合もあります。

まずは慣れていきましょう。


いきなり複数のことに取り組もうとすると挫折してしまいがちです。

そこでまずは1つだけ実践しやすいところから始めてください。

私はよく**「1日1ミリの成長を目指しましょう」**という言葉を使っています。

1ミリという小さな単位から始めれば継続しやすいからです。


大事なのは続けることです。

そのためには失敗しても再度工夫・チャレンジすることを諦めないことです。

どうしても挫折しそうになったら、本書に戻って過去の吉田の失敗シーンを読んで自分を元気づけてください。

「吉田さんはこんな失敗したのか。自分の失敗なんて」とたいてい思えてくるはずです。


そして本書をボロボロになるまでご活用ください。

その結果として、皆様の伝え方がレベルアップして、意思疎通ができるようになり、人間関係が良好になれば幸いです。

人間関係が良好になれば人は輝きながら仕事をするようになります。

当然評価も上がり、収入が増えたり、昇進したりするでしょう。

「はじめに」や本文中にも書きましたが、伝え上手な人が増えることはいいことだらけです。

皆様が輝くことで世の中が明るくなり、好循環のスパイラルが起きて日本中が平和で明るくなることは間違いないでしょう。

また、良い伝え方をマスターしたら、皆様の同僚、部下、後輩、プライベートでの仲間、家族などに広めていってください。

私のミッションである**「楽しく仕事ができる人を増やす」**ことにもつながると思っています。

現在は先行きが不透明で不安を感じている方も多いかもしれません。

しかし、皆様の仕事や日常生活の一部でも光の輝きが生まれて、それがどんどん広がれば、明るい世の中になるのではないかと思います。

伝え方は世の中を、皆様の人生を明るくするための1つのスキルとして、磨き続けていってください。

偉そうなことを申しているかもしれませんが、実のところ私もまだまだ力不足です。もっと伝え方を磨いてく必要があると感じています。

一緒に磨いていきましょう。

また本書を通じて、上手い伝え方ができて大口顧客を獲得した、部下がどんどんアイデアを出してくれたなどの成功体験があれば、SNSやホームページ（https://yukihiro-yoshida.com）からご連絡ください。

皆様の喜びの声をお待ちしております。

そして、本書をお読みいただけましたら、「#武器としての伝え方」などのハッシュタグをつけて、フェイスブックやツイッター、インスタグラムなどで投稿いただければ幸いです。

なお、本書の執筆にあたってはたくさんの方々にお世話になりました。協力をいただきました方々へのお礼をお伝えしたいと思います。

特に企画の立案から校正に至るまで的確なアドバイスをいただけた、自由国民社の三田智朗編集長には大変お世話になりました。

心より御礼申し上げます。

また今回の出版のご縁をつないでくださいました著者仲間であり、マンショントレンド評論家・シニア再就職アドバイザーの日下部理絵様にも大変感謝しております。

他にも講演や研修を依頼してくださる方々、セミナーを受講していただいている方々、日々の活動を応援いただだいている方々にも心より御礼申し上げます。

それでは皆様とどこかでお会いしてコミュニケーションができる時を楽しみに、筆を置きたいと思います。

2023年4月吉日

吉田幸弘

著者プロフィール

吉田幸弘（よしだ　ゆきひろ）

リフレッシュコミュニケーションズ代表
人材育成コンサルタント・コミュニケーションデザイナー

1970年生まれ。大学卒業後、大手旅行会社、有名学校法人を経て外資系企業へ転職。そこで周囲のメンバーとうまくコミュニケーションが取れず、降格人事を経験する。クビ寸前の状態から、その後、異動先で出会った上司より「伝え方」の大切さを教わり、「ポイントを絞ってわかりやすく伝える方法」を駆使して、劇的に営業成績を改善。5カ月連続営業成績トップになり、マネジャーに再昇格。その後も部の離職率を10分の1としながら、売上前年比 20%増を達成し続け、3年連続で社内MVPに選ばれる。その後、社外でも営業コンサルタント・人材育成コンサルタント・コーチとして活動し、2011年1月より独立。

現在はさまざまな業種のビジネスパーソン向けに、人材育成、チームビルディング、生産性向上、コミュニケーション術の方法を中心としたコンサルティング活動及び1on1コーチング、講演、研修等を実施している。累計の受講者数は3万人を超えている。

特に「伝え方」に関する講座の内容は「感情マネジメント」や「コンフリクトマネジメント」の理論に加え、自身の経験を織り交ぜたオリジナルのコンテンツで、「現場目線でわかりやすい」「すぐ実践できる」との評判を得ており、リピートの依頼も多い。人間関係の改善はもちろん、「やり直しやミスなどの激減による生産性の向上につながった」「対立を恐れず言いにくいことも伝えられるようになった」など幅広くビジネスマンのお悩みの解決につなげられている。最近では、ハラスメントの問題に関しての相談も増えている。

NHK、日経ビジネス、President、日経ウーマン、Oggi、SPA!、J-wave、THE21などメディアへの掲載、出演実績も多数。


主な著書に『リーダーの一流、二流、三流』（明日香出版社）、『どう伝えればわかってもらえるのか？ 部下に届く言葉がけの正解』（ダイヤモンド社）、『部下に9割任せる！』（フォレスト出版）、『リーダーのやってはいけない』（PHP研究所）、『仕事が早く終わる人　いつまでも終わらない人の習慣』（あさ出版）がある。『部下のやる気を引き出す 上司のちょっとした言い回し』（ダイヤモンド社）は翻訳版が中国で17万部のベストセラーになっている。

部下も上司も動かす　武器としての伝え方

2023年7月7日　初版第1刷発行

著者　吉田幸弘

カバー　小口翔平＋奈良岡菜摘（tobufune）
本文デザイン＆DTP　（株）明昌堂

発行者　石井悟
発行所　株式会社自由国民社
〒171-0033　東京都豊島区高田3丁目10番11号
電話　03-6233-0781（代表）
https://www.jiyu.co.jp/

印刷所　八光印刷株式会社
製本所　新風製本株式会社
編集担当　三田智朗